200
platos tailande

D0356961

200
platos tailandeses

Oi Cheepchaiissara

BLUME

Título original:
200 Thai favourites

Traducción:
Ana María Pérez Martínez
Especialista en temas culinarios

Coordinación de la edición en lengua española:
Cristina Rodríguez Fischer

Primera edición en lengua española 2011

© 2011 Naturart, S.A. Editado por BLUME
Av. Mare de Déu de Lorda, 20
08034 Barcelona
Tel. 93 205 40 00 Fax 93 205 14 41
e-mail: info@blume.net
© 2009 Octopus Publishing Group, Londres

I.S.B.N.: 978-84-8076-953-2
Depósito legal: B. 6.405-2011
Impreso en Tallers Gràfics Soler, S.A.,
Esplugues de Llobregat (Barcelona)

WWW.BLUME.NET

En las recetas que se presentan en este libro se utilizan medidas
de cuchara estándar. Una cucharada equivale a 15 ml; una cucharadita
equivale a 5 ml.

El horno debería precalentarse a la temperatura requerida;
siga siempre las instrucciones que marca su horno.

Deben utilizarse hierbas y especias frescas (incluidos los chiles y las guindillas)
a menos que se especifique de otro modo.

Deben utilizarse huevos de tamaño medio, a menos que se especifique
de otra forma.

Las autoridades sanitarias aconsejan no consumir huevos crudos. Este libro
incluye algunas recetas en las que se utilizan huevos crudos o poco cocinados.
Resulta recomendable y prudente que las personas vulnerables, tales como
mujeres embarazadas, madres en periodo de lactancia, minusválidos, ancianos,
bebés y niños en edad preescolar eviten el consumo de los platos preparados
con huevos crudos o poco cocinados. Una vez preparados, estos platos
deben mantenerse refrigerados y consumirse rápidamente.

Este libro incluye recetas preparadas con frutos secos y derivados de
los mismos. Es aconsejable que las personas que son propensas a sufrir
reacciones alérgicas por el consumo de los frutos secos y sus derivados,
o bien las personas más vulnerables (como las que se indican en el párrafo
anterior), eviten los platos preparados con estos productos. Compruebe
también las etiquetas de los productos que adquiera para preparar los alimentos.

Este libro se ha impreso sobre papel manufacturado con materia prima procedente
de bosques sostenibles. En la producción de nuestros libros procuramos, con
el máximo empeño, cumplir con los requisitos medioambientales que promueven
la conservación y el uso sostenible de los bosques, en especial de los bosques
primarios. Asimismo, en nuestra preocupación por el planeta, intentamos emplear
al máximo materiales reciclados, y solicitamos a nuestros proveedores que usen
materiales de manufactura cuya fabricación esté libre de cloro elemental (ECF)
o de metales pesados, entre otros.

contenido

introducción

introducción

Mi propósito al escribir este libro es enseñarle,
de la forma más fácil posible, cómo preparar una
amplia selección de platos populares tailandeses
y acompañar cada receta al menos con una variante
utilizando ingredientes ligeramente distintos. Debido
a la condensación de información de este libro,
he descrito en la introducción algunos de los alimentos
que quizás no le sean familiares, así como algunas
técnicas básicas y recetas.

Siempre que regreso a Tailandia, me siento
impresionada por su elevado nivel culinario, no sólo
en los restaurantes, sino también en los puestos de
muchos mercados callejeros que se encuentran tanto
en Bangkok como otras ciudades, e incluso a lo largo
de las carreteras más importantes. La denominada
«comida callejera» merecería otro apelativo mejor,
ya que no tiene ningún parecido con su equivalente
occidental. Las gentes adineradas envían a sus
criadas a comprar platos al mercado local, sabiendo
que han sido elaborados por alguien especializado
en una preparación particular, a menudo realizada

a la perfección. Los tailandeses se sienten
justamente orgullosos de su cocina y estoy
muy contenta de descubrirles algunos de sus
secretos.

desarrollar el sabor

Aprendí cocina tailandesa en parte de mi familia,
a veces ayudando a personas que dominan
su arte y otras practicado yo misma. Toda esta
actividad ha sido muy valiosa, aunque quizás
la parte más importante se ha reducido en el acto
pasivo de comer comida tailandesa y desarrollar
un buen juicio en torno a la misma. Quizás también
haya un elemento budista en todo este proceso,
procedente de los monjes que nos enseñan
a concentrarnos al comer, pensando lo que estamos
haciendo, en vez de masticar mientras hablamos
de cualquier otro tema. Los tailandeses raramente
comen en silencio, pero la conversación gira en
torno a la comida que se encuentra frente a nosotros.
Discutimos ávidamente acerca de la misma: «buena,
pero quizás un poco salada...», «casi perfecta pero
tal vez con un toque más de tamarindo...», entre
otras cosas. Si degusta suficiente comida tailandesa,
especialmente con amigos tailandeses, pronto
desarrollará su paladar.

desde el inicio

Si usted es novato y nunca ha cocinado, o incluso
probado, comida tailandesa, no se preocupe.
Este libro describe la preparación y cocción de
los platos paso a paso, utilizando medidas precisas.

En la práctica, los cocineros tailandeses no se sienten inclinados a utilizar medidas precisas, y prefieren fiarse de su experiencia. Por dicha razón, he debido recrear los platos en vez de traducirlos de recetas tailandesas ya existentes.

características principales

Como un estilo de música particular, la comida tailandesa se reconoce al instante porque sus platos tienen en común ciertas características. Nos gusta mucho emplear hierbas frescas como la hierba limonera, la galanga, el jengibre, el cilantro y las hojas de la lima *kaffir*. Apreciamos las partes sabrosas de las plantas que crecen bajo tierra, como algunas de las anteriormente mencionadas, escalonias, ajo y otras.

La cocina tailandesa es la única en el mundo que utiliza las raíces de la planta del cilantro, así como sus tallos y hojas. Somos bastante económicos en el empleo de nuestros ingredientes, y no se desecha nada que pueda utilizarse en otro plato.

Además de los ingredientes distintivos, otra característica de la cocina tailandesa es la forma en que se prepara. Por ejemplo, nos gusta cortar la carne muy fina para que se cueza con bastante rapidez. Los platos tailandeses tardan cierto tiempo en prepararse, pero la cocción es rápida y fácil. Por dicha razón es ideal si va a celebrar una fiesta, ya que puede preparar los alimentos con una o dos horas de antelación y luego cocerlos y servirlos de inmediato.

utensilios

No necesitará utensilios especiales para cocinar comida tailandesa. Las cacerolas normales, las fuentes y los cuencos pueden encontrarse en la mayoría de las cocinas. Sin embargo, debo mencionar algunos utensilios que le pueden resultar muy útiles:

Wok antiadherente: se trata de una buena adquisición si va a preparar comida oriental con regularidad; elija uno del tamaño apropiado para el número de personas al que desee servir.

Cacerolas y sartenes antiadherentes: son vitales; tenga siempre a su alcance un cazo pequeño para preparar salsas.

Cuchillo muy afilado: es el utensilio más útil de la cocina.

Rodillo y placa para pastas

Vaporera: puede emplear una tradicional o de bambú.

Batidora o mezcladora, o bien un mortero y su mano de mortero si desea machacar las hierbas más bien finas.

en la alacena

Necesitará algunos ingredientes estándar en su alacena, que no emplea normalmente en la cocina occidental.

aceite de sésamo

Delicioso aceite de color ambarino muy aromático. Se utiliza como aromatizante y no para freír.

brotes de bambú

Unas pocas latas de brotes cortados en rodajas son un buen ingrediente para añadir a currys y otros platos.

castañas de agua

La carne blanca y crujiente de los bulbos de las castañas de agua aporta una textura crujiente a algunos platos. Cómprelas de lata.

fideos de arroz (pequeños)

Los fideos de arroz secos son un ingrediente básico. Secos (*sen lek*) tienen unos 2,5 mm de ancho; los planos (*sen yai*) tienen de 1 a 2,5 cm de ancho. Los fideos de arroz finos (*sen mee*) son muy finos. Remójelos o cuézalos en agua hirviendo según las instrucciones del paquete. Escúrralos y añádalos a un cuenco con agua para que se enfríen, escúrralos de nuevo y utilícelos como se indica en la receta.

fideos *mungo* (*wun sen*)

Llamados a veces «fideos de celofán», «fideos transparentes» o «fideos de cristal», quedan transparentes una vez cocidos.

leche de coco

Un ingrediente clave en muchos currys tailandeses y otros platos. La leche de coco es un líquido rico y cremoso que se obtiene de la carne del coco.

salsa de ostras

Se obtiene hirviendo ostras en agua para conseguir un caldo blanco, que luego se condensa hasta obtener una salsa marrón oscuro.

salsa de pescado

Existen diferentes tipos de salsa de pescado oriental, elaborados con distintas clases de pescados, como, por ejemplo, anchoas.

salsa de soja ligera

Se elabora a partir de judías de soja o setas. La salsa de soja ligera es un líquido marrón, fino y opaco, más o menos claro. Aporta un sabor salado al plato sin afectar a su color.

en el congelador

Los únicos ingredientes que deben conservarse congelados son las láminas de rollitos de primavera (de 12 cm de lado) y las láminas para *wonton*.

Descongélelos antes de su uso. También puede congelar la hierba limonera fresca, la galanga, las hojas de lima *kaffir* y la leche de coco (en bolsas herméticamente cerradas). Se conservarán de 2 a 3 meses.

otros ingredientes seleccionados

bayas goji

Al igual que muchos tailandeses, siempre he empleado en mi cocina bayas del Goji tibetanas secadas al sol. Ahora se consideran un «superalimento», pues son excepcionalmente ricas en antioxidantes.

berenjenas tailandesas

De color púrpura, las berenjenas tailandesas tienen un sabor amargo y se presentan de dos formas: tamaños guisante y pelota de golf.

guindillas

Los dos tipos principales de guindillas que empleo en la cocina tailandesa son las «ojo de pájaro» pequeñas y frescas (una variedad de entre 2,5 y 5 cm), alargadas, que se cultivan en toda Tailandia, y las rojas frescas o secas, mucho más largas y no tan picantes, pero que aportan un sabor delicioso a los platos. Las guindillas frescas pueden ser verdes o rojas, estas últimas las más empleadas.

cilantro

También empleado en Occidente, pero sin sus raíces. Intente encontrarlo con parte de su raíz, si su receta lo precisa, aunque el tallo también es una buena alternativa. También usamos las semillas de cilantro

molidas. Las hojas frescas se utilizan frecuentemente como decoración.

galanga

Un ingrediente clave en la pasta de curry tailandesa; la galanga se parece al jengibre, pero su sabor es muy diferente. Es dura, por lo que debe tener cuidado al cortarla.

hierba limonera

Otro ingrediente básico en las pastas de curry tailandesas. Aporta un delicado sabor a limón a muchos platos. Puede cortarla fina y agregarla directamente a los ingredientes mientras se cocinan. También puede aplastar algunos tallos, cocerlos y luego retirarlos. Compre tallos frescos que no estén secos.

hojas de albahaca dulces tailandesas

Son distintivas tanto por sus tallos púrpura como por su sabor anisado.

hojas de lima *kaffir*

El único ingrediente que puede ser difícil de encontrar en Occidente. Se utiliza para añadir sabor a los currys.

limas

Preferimos emplear limas en vez de limones, pero puede sustituirlas si es necesario.

picadillo de proteína de soja

Se prepara con judías de soja y tiene una consistencia similar a la de la carne. Es rico en proteínas, fibra y hierro; además, no tiene grasas ni colesterol.

setas secas

Puede comprar setas blancas y negras en los comercios orientales. Remójelas en agua caliente durante 2 o 3 minutos y escúrralas antes de emplearlas.

tamarindo

Se obtiene de la pulpa seca de las semillas de tamarindo y puede comprarse en tubos o en pasta. Aporta un sabor agridulce a las salsas. Para obtener puré de tamarindo, mezcle pulpa de tamarindo comercial con agua hirviendo (*véase* pág. 90).

taro

Se trata de una hortaliza de raíz blanca. El bulbo feculento de la planta del taro no se diferencia del boniato en cuanto a textura, y precisa cocinarse hasta que esté tierno.

especias

Aunque nos gustan las hierbas frescas, en ocasiones empleamos especias en polvo, sobre todo en los platos del sur de Tailandia que tienen una gran influencia malasia. Nos gusta añadir un poco de especias a la pasta de curry tailandesa. Ya he mencionado anteriormente el cilantro molido (estrictamente una hierba). Otras hierbas útiles en la cocina tailandesa son el comino, la pimienta blanca, la pimienta de Jamaica y la cúrcuma; todos ellos, molidos, así como el curry en polvo amarillo.

cómo preparar el marisco

calamares

Retire la piel externa del calamar y enjuague el interior de las bolsas. Córtelos por la mitad a lo largo y ábralos. Marque el interior con un cuchillo formando cortes en diagonal para obtener un dibujo romboidal; luego cuartéelos.

cangrejos

Introdúzcalos en el congelador durante una hora. Luego, con las patas unidas, córtelos por la mitad por el centro del caparazón, de la cabeza hacia abajo. Repita el proceso de izquierda a derecha, cuarteando el cangrejo. Retuerza ambas patas y retire la parte superior del caparazón. Deseche el saco intestinal y las membranas blancas. Utilice unas pinzas o el dorso de un cuchillo pesado para romper la cáscara de las patas y facilitar así la degustación.

langostinos

Pélelos y córtelos por la mitad a lo largo con el fin de que se abran en forma de mariposa. Deje cada langostino o gamba unido a la base de la cola.

mejillones

Puede comprarlos ya limpios y congelados o bien frescos.

vieiras

Retire cualquier vena, membrana y el músculo blanco duro de cada vieira. Las pequeñas o volandeiras pueden dejarse enteras tal cual, pero las grandes las puede cortar para que no tarden tanto en cocinarse por la mitad.

consejos útiles

freír

Si la receta indica que se debe freír, es vital saber cuál debe ser la temperatura del aceite en el wok o sartén grande. Caliente el aceite a fuego medio para que no salpique. Puede probar la temperatura con un trozo del alimento que va a freír. Sumerja un trozo pequeño; el aceite estará caliente si el trozo chisporrotea enseguida.

¿no tiene batidora o picadora?

Si no dispone de una batidora o picadora puede picar bien finos ingredientes como ajo o raíces de cilantro a mano. Hágalo un buen rato y el resultado será el mismo.

rectificar la condimentación

Casi todos los platos de este libro indican que debe probarse y rectificarse la condimentación. En la lista de ingredientes verá varios condimentos o aromatizantes, como jugo de lima, salsa de soja ligera, sal marina o pimienta negra molida. Añada casi la totalidad de la cantidad indicada, pero reserve un poco para aportar más sabor si cree que el plato lo requiere. Ésta es una práctica general para toda la cocina tailandesa.

empiece ya

Si utiliza los ingredientes apropiados y sigue bien las instrucciones, no existe ninguna razón para que no pueda elaborar una buena comida tailandesa en su primer intento. Disfrute mientras cocina.

entrantes, sopas y ensaladas

bolsas doradas

40 unidades
tiempo de preparación
40 minutos
tiempo de cocción **40 minutos**

1 ½ cucharadas de **harina**
6 cucharadas de **agua fría**
60 **cebollinos** largos
425 g de **carne de langostinos**
   o **gambas** picada
150 g de **castañas de agua**,
   escurridas y ligeramente
   picadas
3-4 **dientes de ajo**, picados finos
¼ de cucharadita de **pimienta
   blanca molida**
½ cucharadita de **sal**
200 g (unas 50 láminas) de **pasta
   para rollitos de primavera**
   congelada, previamente
   descongelada
aceite de girasol, para freír

Mezcle la harina y el agua en un cazo hasta que la preparación adquiera una textura lisa. Remueva a fuego medio durante 2 o 3 minutos o hasta que espese. Reserve.

Pique finos 10 cebollinos e incorpore los langostinos, las castañas de agua, el ajo, los cebollinos picados, la pimienta y la sal.

Limpie y remoje el resto de cebollinos en agua caliente durante 2 minutos para que se ablanden, escúrralos y séquelos.

Coloque 1 cucharadita del relleno en el centro de cada lámina de pasta. Unte con el dedo los bordes con la pasta de harina, lleve hacia arriba las cuatro esquinas y retuérzalas juntas. Átelas con un cebollino y colóquelas sobre una fuente. Repita la operación hasta terminar los ingredientes.

Caliente 7 cm de aceite en el wok a fuego medio. El aceite estará listo cuando al sumergir un trozo pequeño de pasta ésta chisporrotee. Fría las bolsas por tandas de 10, de 8 a 10 minutos, hasta que estén ligeramente doradas y crujientes. Escurra sobre papel de cocina. Sirva caliente o tibio con salsa de guindilla dulce (*véase* pág. 36).

Para preparar limosneras doradas, sustituya las láminas para pasta de primavera por 50 láminas para *wonton*, de 7 cm de lado, previamente descongeladas si estuviesen congeladas. Prescinda de la harina, el agua y gran parte de los cebollinos, pero conserve unos 5. Utilice la mitad de los ingredientes más 1 cucharada de salsa de ostras. Tras mezclar, coloque ½ cucharadita en el centro de cada lámina. Pincele los extremos con agua y únalos hacia arriba, retorciendo las esquinas para obtener una limosnera. Fría cada tanda durante 4 o 5 minutos, hasta que esté bien crujiente.

tostadas de gambas al sésamo

10-12 tostadas

tiempo de preparación

20 minutos

tiempo de cocción **20 minutos**

3-4 **dientes de ajo**, ligeramente
  picados

2-3 **raíces de cilantro** y sus
  tallos, ligeramente picados

300 g de **gambas crudas**
  picadas

¼ de cucharadita de **pimienta**
  blanca molida

⅓ de cucharadita de **sal marina**

1 **huevo** grande

5-6 rebanadas de **pan blanco**,
  sin las cortezas, cada una
  cortada en 2 triángulos,
  dejadas secar toda la noche
  o tostadas durante 1-2 minutos
  hasta que se sequen

5-6 cucharadas de **semillas**
  de sésamo

aceite de girasol, para freír

Utilice un mortero y su mano o una picadora pequeña para majar el ajo y las raíces de cilantro hasta obtener una pasta. Añada las gambas, la pimienta, la sal y el huevo y mezcle bien.

Extienda la pasta de forma gruesa sobre un lado de cada tostada. Espolvoree con las semillas de sésamo y presiónelas.

Caliente 5 cm de aceite en un wok a fuego medio. Estará listo cuando, al sumergir un trozo de pan pequeño, chisporrotee. (Es importante que el aceite no esté demasiado caliente, pues el pan se freiría demasiado rápido y se oscurecería.) Sumerja varias piezas a la vez, con el lado de la pasta hacia abajo, y cocine durante 3 o 4 minutos, o hasta que estén doradas. Retírelas con una espumadera y colóquelas hacia arriba sobre papel de cocina.

Sirva caliente o tibio como un entrante con la salsa de guindilla dulce (*véase* pág. 36).

Para preparar tostadas de pollo y cilantro, sustituya las gambas y las semillas de sésamo por 300 g de pollo picado. Presione hojas de cilantro y rodajas de guindilla sobre cada lado de las tostadas y fríalas durante 5 o 6 minutos, siguiendo el método anterior.

cestas doradas

30 cestas
tiempo de preparación
30-40 minutos
tiempo de cocción
15-20 minutos

4 cucharadas de **aceite
de girasol**
2 **dientes de ajo**, picados finos
200 g de **pollo** o **gambas**,
picados
25 g de **zanahorias**, en dados
pequeños
50 g de **maíz** y **guisantes**,
previamente descongelados
50 g de **pimiento rojo**, sin
semillas y en dados pequeños
1 cucharada de **salsa de soja
ligera**
½ cucharadita de **pimienta
blanca molida**
una pizca de curry **en polvo**
½ cucharadita de **azúcar**
1 **cebolla tierna**, picada fina
200 g de láminas de **pasta
para rollitos de primavera**,
de 12 cm de lado, o **pasta** *filo*

para **decorar**
30 hojas de **cilantro**
unas rodajas de **guindilla roja**

Caliente 1 ½ cucharadas de aceite en un wok o sartén grande
y saltee el ajo a fuego medio hasta que esté ligeramente dorado.
Añada el pollo o las gambas; desmenuce la carne hasta que esté
cocida y separada.

Agregue las zanahorias, el maíz, los guisantes y el pimiento
y saltee durante 1 o 2 minutos. Incorpore la salsa de soja,
la pimienta, el curry en polvo, el azúcar y la cebolla tierna,
mezcle bien y reserve.

Corte las láminas de rollitos de primavera o pasta *filo* en
60 cuadrados de 6 × 6 cm. Pincele los bordes con un poco de
aceite a medida que los vaya empleando, extienda 2 cuadrados
en cada cavidad en una placa para magdalenas o pastelitos de
3,5 cm, superponiendo los cuadrados de forma que la lámina
superior forme un ángulo de 45° con el inferior. Prepare
30 cestas y hornee en el horno, precalentado a 180 °C,
de 10 a 12 minutos, o hasta que estén crujientes y doradas.
Retire cuidadosamente las cestas y déjelas enfriar ligeramente.

Reparta el relleno en las cestas y sirva a temperatura ambiente,
coronado con una hoja de cilantro y unas rodajas de guindilla.

Para preparar cestas vegetarianas doradas, sustituya
el pollo o las gambas por 75 g de champiñones pequeños
picados finos o pasta de soja firme. Añada los champiñones
cuando el ajo esté dorado y remueva salteando el resto
de los ingredientes como se indica en la receta. Si utiliza
pasta de soja, añádala antes de incorporar la salsa de soja.

satay de pollo

40 unidades
tiempo de preparación
  30 minutos, más tiempo
  de marinado
tiempo de cocción **40 minutos**

1 kg de **filetes de pollo** sin piel

para el **marinado**
4-5 **dientes de ajo**, ligeramente
  picados
4 **raíces y tallos de cilantro**,
  ligeramente picados
3 **escalonias**, ligeramente
  picadas
un trozo de 2,5 cm de **jengibre
  fresco**, pelado y en rodajas finas
1 cucharada de **coriandro
  molido**
1 cucharada de **comino molido**
1 cucharada de **cúrcuma molida**
1 cucharadita de curry **en polvo**
400 ml de **leche de coco**
  de lata
1 ½ cucharadas de **salsa
  de pescado**
50 g de **azúcar de coco
  de palma**, azúcar moreno
  o 4 cucharadas de **miel clara**
4 cucharadas de **aceite
  de girasol**
1 ¼ cucharaditas de **sal marina**

Corte el pollo en filetes y póngalos en un cuenco.

Utilice un mortero y la mano de mortero o una picadora
o batidora pequeña para reducir a una pasta el ajo, las raíces
de cilantro, las escalonias y el jengibre. Mézclela con el pollo,
junto con el resto de los ingredientes del marinado. Tape
y deje reposar en la nevera 4 horas como mínimo, pero mejor
toda la noche.

Ensarte los trozos de pollo en broquetas de bambú remojadas
en agua 30 minutos, dejando espacio en ambos extremos.
Póngalas bajo el grill bien caliente durante 4 o 5 minutos
por cada lado, hasta que el pollo esté cocido y ligeramente
chamuscado. Deles la vuelta con frecuencia, pincelándolas
con el marinado durante la cocción.

Sirva sobre cebolla picada caliente o fría, trozos de pepino
y salsa de cacahuete.

Para preparar salsa de cacahuete casera, caliente
1 ½ cucharadas de aceite en un cazo y saltee, sin dejar
de remover,1 cucharada de pasta de curry *massaman*
durante 3 o 4 minutos o hasta que haya desprendido su
aroma. Añada 200 ml de leche de coco, la misma cantidad de
caldo vegetal, 1 ½ cucharadas de azúcar, 1 ½ cucharadas
de salsa de soja ligera, 3 cucharadas de puré de tamarindo
(*véase* pág. 90) o 1 cucharada de jugo de lima, 150 g
de cacahuetes tostados ligeramente picados y 15 g de
migas de pan seco y remueva junto. Pruebe y rectifique
la condimentación con un poco de azúcar, salsa de soja ligera,
puré de tamarindo o jugo de lima, si fuese necesario. Si la salsa
quedase demasiado densa, añádale un poco de leche antes
de servir.

rollitos de primavera

50 rollitos
tiempo de preparación **1 hora**
tiempo de cocción **30 minutos**

50 g de **fideos de judías** *mungo*
½ puñado de **setas negras chinas secas**
1 ½ cucharadas de **harina**
6 cucharadas de **agua**
1 ½ cucharadas de **aceite de girasol**
3-4 **dientes de ajo**, picados finos
125 g de **langostinos** picados
50 g de **zanahorias**, ralladas finas
50 g de **guisantes** congelados, previamente descongelados
50 g de **maíz** congelado, previamente descongelado
150 g de **brotes de soja**
1 trozo de **jengibre fresco** de 1 cm, pelado y rallado fino
1 ½ cucharadas de **salsa de soja ligera**
¼ de cucharadita de **pimienta blanca molida**
200 g de **láminas de rollitos de primavera**, de 12 cm de lado
aceite de girasol, para freír

Remoje los fideos en agua caliente durante 4 o 5 minutos, o hasta que estén blandos. Escúrralos y córtelos con un cuchillo afilado.

Ponga las setas en remojo en agua hirviendo durante 3 o 4 minutos hasta que se ablanden y luego escúrralas. Retírelas, deseche los pies duros y píquelas finas.

Mezcle la harina y el agua en un cazo pequeño. Remueva y cueza a fuego medio durante 2 o 3 minutos, o hasta que espese.

Caliente 1 ½ cucharadas de aceite en un wok y dore el ajo ligeramente. Añada los langostinos, los fideos, las setas remojadas, las zanahorias, los guisantes, el maíz, los brotes de soja, el jengibre, la salsa de soja y la pimienta y cueza durante 4 o 5 minutos. Pruebe la condimentación y rectifique. Deje enfriar.

Coloque unos cuantos cuadrados de pasta de rollitos de primavera sobre la superficie de trabajo. Reparta 2 cucharaditas del relleno a lo largo del lado más cercano a usted. Lleve el extremo hacia arriba y enrolle hasta casi cubrir el relleno. Doble los lados hacia el centro; enrolle de nuevo, selle la unión con un poco de la pasta de harina y coloque sobre una placa. Repita la operación con el resto.

Caliente 5 cm de aceite en un wok a fuego medio. Fría pequeñas tandas de rollitos de 8 a 10 minutos, hasta que estén crujientes. Escúrralos sobre papel de cocina. Sírvalos calientes o fríos, con salsa de guindilla dulce (*véase* pág. 36).

Para preparar rollitos de primavera vegetarianos, prescinda de los langostinos, utilice 100 g de fideos y añada 50 g de brotes de soja o col en tiras muy finas. Agregue todos los ingredientes una vez que el ajo esté ligeramente dorado y fragante.

rollitos de huevo tailandeses

2 raciones
tiempo de preparación
5 minutos
tiempo de cocción **1-2 minutos**

3 **huevos**, batidos
1 **escalonia**, en rodajas finas
1 **cebolla tierna**, en rodajas finas
1 **guindilla roja** larga, picada fina
1 cuchara de **hojas de cilantro**
   picadas
½ cucharada de **salsa de soja**
   ligera
⅛ cucharada de **pimienta**
   blanca molida
1 ½ cucharadas de **aceite**
   de girasol
cebollas tiernas, en tiras
   para decorar (opcional)

Mezcle en un cuenco los huevos, la escalonia, la cebolla tierna, la guindilla, las hojas de cilantro y la salsa de soja ligera.

Caliente el aceite en una sartén antiadherente o wok; vierta la preparación de huevo y deslícela por la sartén para obtener una tortilla grande y fina. Cuézala durante 1 o 2 minutos, hasta que esté firme.

Ponga la tortilla en un plato y enróllela como si fuera una tortilla. Déjela enfriar.

Corte la tortilla enfriada en sentido horizontal en secciones de 5 mm o 1 cm, dependiendo del tamaño deseado. Enrolle los rollitos y sírvalos adornados con tiras de cebolla tierna, si lo desea.

Para preparar huevos especiados con hojas de albahaca tailandesa, prescinda de la escalonia, la cebolla tierna, la guindilla roja larga y las hojas de cilantro. Mezcle los huevos con la salsa de soja ligera y la pimienta. Dore ligeramente en una sartén 2 dientes de ajo picados finos; añada 2 guindillas rojas pequeñas muy picadas y un puñado de hojas frescas de albahaca tailandesa; saltee un minuto aproximadamente. Añada la preparación de huevo a la sartén y dore ambas caras de la tortilla. Sirva caliente con arroz o como guarnición.

pastelitos de pescado

20-25 pastelitos (u 8 grandes)
tiempo de preparación
20 minutos
tiempo de cocción **30 minutos**

500 g de **filetes de pescado**
sin piel y picados (rape,
bacalao, salmón o caballa)
1 cucharada de **pasta de curry**
roja (*véase* pág. 94)
2 cucharadas de **harina**
con levadura
½ cucharadita de **sal marina**
50 g de **judías verdes**
picadas finas
3 **hojas de lima** *kaffir*,
en tiras finas
1 **huevo** grande, ligeramente
batido
aceite de girasol, para freír

Mezcle en un cuenco el pescado picado, la pasta de curry, la harina, la sal marina, las judías verdes, las hojas de lima y el huevo.

Caliente un poco de aceite en una sartén antiadherente. Con las manos mojadas o una cuchara, forme con la mezcla de pescado de 20 a 25 pastelillos planos de 2,5 cm de diámetro, y fríalos por tandas 4 o 5 minutos por cada lado (o de 6 a 8 minutos, si son grandes). Escúrralos sobre papel de cocina.

Añada un poco de aceite a la sartén en cada tanda. Sirva caliente o tibio con salsa de guindilla dulce (*véase* pág. 36).

Para preparar pastelitos de cangrejo, sustituya el pescado por 500 g de carne de cangrejo cocida (escurra el líquido si es de lata). Puede prescindir de la pasta de curry si desea obtener un sabor más suave, pero la pasta de curry roja hará que resulte especiada (puede preparar 2 recetas de pasta y utilizar una para un plato de curry rojo y la otra para sus pastelitos de pescado o cangrejo).

papaya verde con guindilla y lima

1 ración
tiempo de preparación
10 minutos

1 **diente de ajo**
25 g de **cacahuetes tostados**
125 g de **papaya verde**, en tiras finas
25 g de **judías verdes**, en trozos de 2,5 cm
1 cucharadita de **gambas secas molidas**
1 **guindilla roja de pájaro** pequeña
1 cucharada de **miel clara**
½ cucharada de **salsa de pescado**
el jugo y la cáscara de ½ **lima**
2 **tomates cereza**

Utilice un mortero para majar el ajo. Añada los cacahuetes y aplástelos con el ajo. Incorpore la papaya y siga majando, utilizando una cuchara para rebañar los lados; mezcle bien.

Agregue las judías verdes y las gambas molidas y siga majando y dando vueltas hasta que los ingredientes se ablanden. Añada la guindilla, la miel y la salsa de pescado y luego el jugo y la cáscara de lima. Maje ligeramente otro minuto.

Incorpore los tomates y maje otro minuto más. A medida que los jugos se liberen, aplaste con mayor suavidad para que el líquido no salpique. Pruebe la condimentación y rectifique; debe presentar un equilibrio entre agridulce y picante.

Transfiera la ensalada con sus líquidos a una fuente de servicio.

Para preparar ensalada de hortalizas con guindilla y lima, sustituya la papaya y las judías por 150 g de zanahorias y col en tiras finas. Utilice 1 cucharada de azúcar de coco, de palma o miel. Los vegetarianos pueden reemplazar las gambas molidas por salsa de soja ligera o de pescado, pero el plato quedará un poco más oscuro.

huevos del yerno

4 raciones
tiempo de preparación
10 minutos
tiempo de cocción **40 minutos**

6 **huevos** grandes
aceite de girasol, para freír
2 **guindillas rojas secas,**
de unos 12 cm de longitud,
en trozos de 1 cm, y sin semillas
125 g de **escalonias**, en rodajas
finas
1 ½ - 2 cucharadas de **salsa
de pescado**
4 cucharadas de **puré de
tamarindo** (*véase* pág. 90)
o 2 cucharadas de **jugo
de lima**
150 g de **azúcar de coco,
de palma** o **moreno,**
o 10 cucharadas de **miel
clara**

Hierva los huevos en un cazo con agua; baje el fuego
y cuézalos a fuego lento de 8 a 10 minutos. Escúrralos,
rómpalos ligeramente y enfríelos bajo el grifo. Pélelos.

Caliente unos 7 cm de aceite en un wok a fuego medio.
El aceite estará listo cuando, al sumergir una rodaja
de escalonia, chisporrotee. Fría las guindillas unos segundos
para extraer su sabor. Escúrralas sobre papel de cocina.

Fría las escalonias de 6 a 8 minutos, hasta que estén doradas
y crujientes. Retírelas y escúrralas. Sumerja cada huevo
en el mismo aceite caliente y fríalo de 6 a 10 minutos, o hasta
que esté dorado. Retire y escurra.

Saque el aceite del wok y añada la salsa de pescado,
el puré de tamarindo o el jugo de lima y el azúcar y remueva
durante 5 o 6 minutos, hasta que el azúcar se haya disuelto.
Pruebe la condimentación y rectifique.

Corte los huevos por la mitad a lo largo y colóquelos con las
yemas hacia arriba en un cuenco de servicio. Reparta la salsa
por encima y esparza las escalonias crujientes y las guindillas.

Para preparar estrellas en el cielo, en vez de freír los huevos
duros, utilice huevos frescos y fríalos uno a uno en una sartén
antiadherente con un poco de aceite. Vierta aceite por encima
durante la cocción y fríalos durante 3 o 4 minutos, hasta que
la clara se haya dorado ligeramente y la yema esté algo firme.
Coloque un huevo en cada plato y añada la salsa, escalonias
y guindilla como se indica en la receta.

fideos de arroz crujientes

6-8 raciones
tiempo de preparación
15 minutos
tiempo de cocción **30 minutos**

150 g de **gambas** crudas
75 g de **fideos de arroz finos**
aceite de girasol, para freír
200 g de **tofu firme**, en tiras
75 g de **escalonias**, en rodajas
finas
2 cucharadas de **salsa**
de pescado
2 cucharadas de **líquido**
de ajo encurtido o **agua**
1 cucharada de **jugo de limón**
2 cucharadas de **kétchup**
125 g de **azúcar**
75 g de **azúcar de coco**,
de **palma** o **moreno**,
o 6 cucharadas de **miel clara**
¼ cucharadita de **guindilla**
en polvo
3 **ajos** pequeños enteros
encurtidos, en rodajas
muy finas
2 **yemas de huevo** crudas
saladas
125 g de **brotes de soja**

para **decorar**
unas rodajas de **cebollas tiernas**
unas rodajas de **guindilla roja**

Prepare los langostinos (*véase* pág. 13). Ponga los fideos en una bolsa de plástico y rómpalos en trozos de 5-7 cm.

Caliente 7 cm de aceite en un wok a fuego medio. Estará listo cuando, al sumergir un trozo de fideo, se hinche inmediatamente y flote. Añada una pequeña cantidad de fideos de arroz al aceite. Deles una vuelta y retírelos tan pronto se hinchen y tengan un color marfil (unos pocos segundos). Escúrralos sobre papel de cocina. Fría el resto. Cocine en el mismo aceite el tofu de 7 a 10 minutos, o hasta que esté crujiente y dorado. Retírelo y escúrralo. Cueza los langostinos durante 1 o 2 minutos hasta que estén rosados. Retírelos y escúrralos.

Saque el aceite del wok. Añada la salsa de pescado, el líquido del ajo o el agua, el jugo de limón, kétchup y ambos tipos de azúcar (o miel). Remueva durante 4 o 5 minutos a fuego lento hasta que espese ligeramente. Agregue la guindilla en polvo.

Incorpore la mitad de los fideos de arroz y mezcle suavemente con la salsa. Incorpore el resto de los fideos, el tofu, el ajo encurtido, los langostinos y las escalonias, removiendo durante 1 o 2 minutos hasta que estén bien recubiertos. Sirva con las yemas de huevo saladas desmenuzadas por encima y los brotes de soja. Adorne con las cebollas tiernas y la guindilla.

Para preparar huevos salados caseros, disuelva 200 g de sal marina en 600 ml de agua hirviendo. Déjela enfriar. Sumerja con cuidado unos huevos de pata en un frasco para conservas, sin cortarlos. Añada el agua salada fría y deje reposar durante 3 semanas.

wontons al vapor

16 *wontons*
tiempo de preparación
   15 minutos
tiempo de cocción **30 minutos**

10 **láminas de** *wonton*,
   de 7 cm de lado
un poco de **aceite de girasol**

para el **relleno**
6 **langostinos** crudos
125 g de **cerdo picado**
40 g de **cebolla**, picada
2 **dientes de ajo**
5 **castañas de agua**
1 cucharadita de **azúcar de
   palma** o **mascabado claro**
1 cucharada de **salsa de soja
   ligera**
1 **huevo**

Haga el relleno preparando las gambas (*véase* pág. 13)
y batiendo los ingredientes en la batidora o robot.

Ponga 1 cucharadita colmada del relleno en el centro de
una lámina, colocada sobre sus dedos pulgar e índice. Vierta
el relleno formando un círculo en la base y retuerza la parte
superior de la pasta, y a continuación ábrala. Repita este
proceso con el resto de las láminas.

Coloque los *wonton* rellenos en una fuente y ésta sobre una
vaporera. Rocíe con un poco de aceite, ponga la tapa y cueza
al vapor durante 30 minutos.

Sirva caliente o frío, con una salsa para mojar, como la de
guindilla dulce.

Para preparar salsa casera de guindilla dulce,
como acompañamiento, tome 3 guindillas rojas, cada
una de 12 cm de longitud, y retire los pedúnculos y
las semillas y píquelos ligeramente. Con un mortero,
o una batidora pequeña, maje o bata las guindillas hasta
obtener una pasta gruesa. Hierva en un cazo pequeño
50 ml de vinagre blanco (unas 3 cucharadas), 50 g de
azúcar (unas 3 cucharadas), y ½ cucharadita de sal marina.
Cueza a fuego medio de 6 a 7 minutos, o hasta que la mezcla
forme un almíbar denso. Agregue la pasta de guindilla.
Cueza durante 2 o 3 minutos; vierta la salsa en un cuenco
de servicio y esparza por encima unas hojas de cilantro.

pollo envuelto en hoja de pandano

25 unidades
tiempo de preparación
40 minutos, más tiempo
de marinado
tiempo de cocción **30 minutos**

4-5 **dientes de ajo**, ligeramente
picados
5 **raíces** y **tallos de cilantro**,
ligeramente picados
750 g de **filetes de pollo**
sin piel, cortados en 20 trozos
¼ de cucharadita de **pimienta
blanca molida**
¼ de cucharadita de **sal marina**
2 cucharadas de **salsa de ostras**
1 ½ cucharadas de **aceite
de sésamo**
1 cucharada de **harina**
30 **hojas de pandano**, lavadas
y secadas
aceite de girasol, para freír

Utilice un mortero o una batidora pequeña para batir el ajo
y los tallos y raíces de cilantro y reducirlos a una pasta.

Mezcle el pollo con la pasta de ajo, la pimienta blanca, la sal,
la salsa de ostras, el aceite de sésamo y la harina. Tape y deje
reposar en la nevera 3 horas como mínimo, o toda la noche.

Doble las hojas de pandano llevando la base hacia arriba,
alineando ambos extremos y formando una especie de taza.
Coloque un trozo de pollo en el hueco y, moviendo la base
de la hoja, envuélvala en torno al mismo para crear un nudo
y encerrar el pollo. Repita hasta que haya agotado todo el pollo.

Caliente 7 cm de aceite en un wok a fuego medio. Estará listo
cuando, al sumergir un trozo pequeño de hoja, chisporrotee
enseguida. Fría los paquetes por tandas de 8 a 10 piezas entre
10 y 12 minutos, o hasta que los paquetes estén firmes y el pollo
bien cocido. Escurra sobre papel de cocina. Sirva caliente o tibio
con un condimento de pepino (*véase* pág. 40).

Para preparar broquetas de pollo asadas, prescinda de
las hojas de pandano. Añada 2 pimientos rojos sin semillas
y cortados en 20 trozos. Ensarte el pollo adobado en
6 u 8 broquetas de bambú (remojadas en agua 30 minutos)
y de 18 a 20 cm de longitud. Cueza las broquetas sobre
la barbacoa o la parrilla, dándoles la vuelta con frecuencia
de 8 a 10 minutos, o hasta que la carne esté bien cocida.

buñuelos de maíz

8 buñuelos
tiempo de preparación
12 minutos
tiempo de cocción **5-6 minutos por tanda**

475 g de **maíz** de lata
3 **dientes de ajo**, cortados
1 **raíz de cilantro**, en rodajas
1 **guindilla roja** o **verde**, ligeramente picada
1 **cebolla tierna**, picada fina
75 g de **harina de arroz** o **común**
1 cucharadita de **sal**
1 cucharadita de **pimienta negra molida**
unos 750 ml de **aceite de girasol**, para freír

Escurra el maíz y mezcle su líquido con agua hasta alcanzar 50 ml. Ponga los granos de maíz en un cuenco y reserve el líquido.

Bata brevemente el ajo, la raíz de cilantro y la guindilla en el robot o la batidora.

Añada esta mezcla a los granos de maíz con las cebollas tiernas, el líquido, la sal y la pimienta, e incorpore hasta obtener una consistencia densa.

Caliente el aceite en una sartén o wok y sumerja cada vez 1 cucharada de la mezcla. Cueza los buñuelos por tandas hasta que estén dorados, retírelos del aceite y escúrralos sobre papel de cocina. Repita la operación hasta que todos estén fritos y colóquelos en una fuente.

Sirva caliente con salsa de guindilla dulce (*véase* pág. 36).

Para preparar el condimento de pepino, como guarnición, mezcle 3 cucharadas de vinagre de arroz con 1 cucharada de miel clara o azúcar y ¼ de cucharadita de sal marina. (Si utiliza azúcar, mezcle hasta que se haya disuelto y reserve.) Cuartee y corte fino 7 cm de pepino. Pele y corte en rodajas finas 1 zanahoria pequeña y 1 escalonia. Retire el pedúnculo y las semillas de ½ guindilla roja larga, y córtela fina. Mezcle las hortalizas con la preparación de vinagre en un cuenco. Deje reposar 30 minutos antes de servir.

ensalada de pomelo

2 raciones
tiempo de preparación
8 minutos

½ **pomelo** o **tangüelo**
4 **escalonias**, en rodajas
½ cucharadita de **guindillas secas molidas**
1 cucharadita de **azúcar**
1 cucharada de **salsa de pescado** o de **soja ligera**
1 ½-2 cucharadas de **jugo de lima** o **limón**

Corte la parte superior del pomelo unos 2 cm de grosor (el grosor de la membrana blanca). Luego, marque seis líneas profundas de arriba abajo, dividiendo la piel en seis segmentos. Pélelo. Retire cualquier resto de membrana y separe los gajos de la fruta. Corte cada uno por la mitad.

Ponga todos los ingredientes en un cuenco y mezcle bien antes de servir.

Para preparar ensalada de pollo y pomelo, incorpore todos los ingredientes, además de 200 g de pollo cocido y desmenuzado en tiras largas, y 1 cucharada de coco rallado tostado. Esparza un puñado de hojas de cilantro frescas antes de servir.

fideos transparentes con langostinos

4 raciones
tiempo de preparación
20-25 minutos
tiempo de cocción **10 minutos**

200 g de **langostinos** medianos
  o grandes
125 g de **fideos** *mungo*
  o **de celofán**
un puñado de **setas chinas**
  blancas o **negras**
1 ½ cucharadas de **aceite**
  de girasol
2-3 **dientes de ajo**, picados finos
3 cucharadas de **jugo de lima**
1 cucharada de **salsa de soja**
  ligera
2 tallos de **hierba limonera**
  de 12 cm, en rodajas finas
3-4 **escalonias**, en rodajas finas
1-2 **guindillas ojo de pájaro**
  rojas, picados finas
3 **cebollas tiernas**, en rodajas
  finas
2 puñados de **hojas**
  de ensalada variadas

para **decorar**
hojas de cilantro
unas rodajas de **guindilla roja**

Prepare los langostinos (*véase* pág. 13). Remoje los fideos en agua hirviendo durante 4 o 5 minutos, o hasta que se ablanden. Escúrralos y córtelos.

Remoje las setas en agua hirviendo durante 4 o 5 minutos, o hasta que se ablanden; luego, escúrralas. Retire los pies duros y píquelas ligeramente.

Caliente el aceite en un wok y saltee el ajo a fuego medio durante 1 o 2 minutos, o hasta que esté ligeramente dorado. Póngalo en un cuenco pequeño.

Cueza los langostinos con el jugo de lima y la salsa de soja a fuego medio durante 2 o 3 minutos, o hasta que se abran y estén rosados. Añada los fideos y las setas y cocínelos durante 2 o 3 minutos más. Retírelos del fuego, añada la hierba limonera, las escalonias, las guindillas, las cebollas tiernas y el aceite de ajo y mezcle bien. Pruebe la condimentación y rectifique.

Apile las hojas de ensalada en cada plato. Reparta por encima la mezcla de fideos y langostinos. Adorne con el cilantro y las rodajas de guindilla.

Para preparar fideos transparentes vegetarianos, sustituya los langostinos por 200 g de setas de cardo, cortadas por la mitad si fuesen grandes. También puede utilizar 75 g de proteína seca picada. Remoje la proteína en agua caliente de 6 a 7 minutos, escúrrala bien y deseche el agua. Cueza las setas y la proteína con el jugo de lima y la salsa de soja tal como se indica en la receta, antes de añadir el resto de los ingredientes.

ensalada norteña tailandesa

4 raciones

tiempo de preparación
10 minutos, más tiempo
de remojo

tiempo de cocción **8-10 minutos**

250 g de **judías** *mungo*
o **transparentes**

2 cucharadas de **aceite
de girasol**

4 **dientes de ajo**, picados

175 g de **cerdo picado**

2 cucharaditas de **azúcar**

125 g de **langostinos, pelados
y cocidos**

2 **escalonias**, en rodajas finas

2 cucharadas de **salsa
de pescado**

1 cucharada de **jugo de lima**

2 **guindillas rojas pequeñas,**
picadas finas

2 **guindillas verdes pequeñas,**
picadas finas

3 cucharadas de **cacahuetes
tostados**, picados, y un poco
más para servir

2 cucharadas de **hojas
de cilantro** picadas

para **decorar**

2 **cebollas tiernas**, cortadas
en diagonal

1 **guindilla roja** grande, cortada
en diagonal

hojas de cilantro

Remoje los fideos en agua caliente durante 6 o 7 minutos.
Escúrralos bien y córtelos con unas tijeras.

Caliente el aceite en una sartén y dore un poco el ajo. Añada
el cerdo, desmenuzándolo y separándolo hasta que esté bien
cocido. Incorpore 1 cucharadita de azúcar y mezcle bien.

Retire del fuego e incorpore con los langostinos, los fideos,
las escalonias, la salsa de pescado, el jugo de lima, el resto
del azúcar, las guindillas, cacahuetes y cilantro.

Remueva los ingredientes y sirva en forma de cúpula adornando
con las cebollas tiernas, la guindilla roja, las hojas de cilantro
y más cacahuetes tostados.

Para preparar ensalada norteña tailandesa con setas,
sustituya el cerdo picado por 200 g de setas *shiitake*
y orellanas, cortadas por la mitad si fuesen grandes y sin los
pies, y 25 g de setas negras secas. Remoje las setas negras
en agua hirviendo durante 4 o 5 minutos, o hasta que se
ablanden, y luego escúrralas. Retire y deseche los pies duros.
Añada las setas al recipiente una vez que el ajo esté ligeramente
dorado. Saltee durante 3 o 4 minutos, o hasta que estén
cocidos y ligeramente secos. Continúe como se indica
en la receta.

ensalada de pescado con hierba limonera

4 raciones

tiempo de preparación
20 minutos

tiempo de cocción **20 minutos**

1 cucharada de **aceite
de girasol**

625 g de **caballa** o **merluza**,
sin vísceras, marcada con
un cuchillo afilado 3-4 veces

¼ de cucharadita de **sal marina**

¼ de cucharadita de **pimienta
negra molida**

3 **tallos de hierba limonera**
de 15 cm, en rodajas finas

4-5 **escalonias**, en rodajas finas

3 **cebollas tiernas**, en rodajas
finas

un trozo de 2,5 cm de **jengibre
fresco**, rallado fino

3-4 **limas** *kaffir*, en tiras muy finas

½ puñado de **hojas de menta**

2 ½ cucharadas de **salsa de
soja ligera**

4 cucharadas de **jugo de lima**

1-1 ½ **guindillas rojas** largas,
sin pedúnculo ni semillas,
picadas finas

hojas de ensalada variadas,
para acompañar

Forre una placa de hornear con papel de aluminio, y luego
unte la superficie con un poco de aceite. Frote el pescado
con aceite, sal y pimienta y póngalo sobre la placa.

Hornee en el horno, precalentado a 180 °C, y sin tapar, de
15 a 20 minutos, o hasta que el pescado esté cocido. Retire
las cabezas (si las tuviera) y las espinas. Desmenuce la carne,
incluida la piel, en trozos pequeños, y póngalos en un cuenco
mezclador.

Incorpore con la hierba limonera, las escalonias, las cebollas
tiernas, el jengibre, las hojas de lima, de menta, la salsa de
soja, el jugo de lima y las guindillas. Pruebe la condimentación
y rectifique. Divida en 4 platos y coloque al lado un montoncito
de hojas de ensalada.

Para preparar ensalada de atún con hierba limonera,
sustituya el pescado entero por un filete muy fresco de
atún de 500 g y prescinda del aceite de girasol, la sal,
las hojas de lima y la menta. Refrigere el atún durante
2 o 3 horas y luego córtelo en dados pequeños. Mézclelo
con la pimienta, la hierba limonera, las escalonias, las cebollas
tiernas, el jengibre, la salsa de soja y 2 cucharadas de jugo
de lima. No precisa cocción.

pato con anacardos

4 raciones

tiempo de preparación
15 minutos, más tiempo
de reposo

tiempo de cocción **20 minutos**

½ cucharada de **aceite
de girasol**

1 cucharadita de **aceite
de sésamo**

como ½ cucharadita de **cinco
especias**

⅛ de cucharadita de **sal marina**

⅛ de cucharadita de **pimienta
negra molida**

2 **pechugas de pato**, marcadas
con un cuchillo afilado
3-4 veces, secas

150 g de **mangos** verdes
pequeños o 1 **manzana** verde

un trozo de **pepino** de 10 cm,
cortado por la mitad, en rodajas
finas

2 **tomates**, troceados

2 **escalonias**, picadas finas

un trozo de 2,5 cm de **jengibre
fresco**, pelado y en tiras muy
finas

2 ½ cucharadas de **salsa
de soja ligera**

2 ½ cucharadas de **jugo de lima**

2 **guindillas rojas ojo de pájaro**
pequeñas, picadas finas

50 g de **anacardos tostados**

hojas de ensalada variadas,
para servir

Unte las pechugas de pato con los aceites, las 5 especias, la sal y la pimienta. Póngalas con la piel hacia abajo en un wok frío, y cueza a fuego medio bajo, para que la grasa blanca se convierta en una deliciosa cobertura dorada y crujiente. Cocine durante 10 o 12 minutos; luego dé la vuelta a las pechugas y cuézalas otros 5 minutos; Deje reposar 5 minutos antes de cortar en lonchas.

Pele y ralle finos los mangos o la manzana justo antes de mezclar (para evitar que se oxiden) e incorpore con las lonchas de pato, el pepino, los tomates, las escalonias, el jengibre, la salsa de soja, el jugo de lima y los anacardos. Pruebe la condimentación y rectifique.

Apile las hojas de ensalada en los platos de servicio. Reparta por encima el pato y los anacardos y sirva como ensalada, entrante o guarnición.

Para preparar tofu crujiente con anacardos, sustituya el pato por 300 g de tofu firme. Córtelo en trozos de 2,5 cm, escurra y espolvoree con 5 especias, sal y pimienta. Fría rápidamente, hasta que el tofu esté crujiente por toda su superficie. Quizás deba añadir un poco de aceite tras cada tanda. Continúe como se indica en la receta.

lonchas de bistec con salsa agridulce

4 raciones
tiempo de preparación
5 minutos, más tiempo
de reposo
tiempo de cocción **8-10 minutos**

375 g de **bistec** magro
(solomillo, lomo o cadera)
½ cucharadita de **sal marina**
½ cucharadita de **pimienta
negra molida**
1 ½ cucharadas de **salsa
de pescado**
4 cucharadas de **jugo de lima**
3-4 **escalonias**, en rodajas finas
3 **cebollas tiernas**, en rodajas
finas
½ puñado de **hojas de cilantro**,
ligeramente picadas
¼-½ cucharadita de **guindilla en
polvo**, dependiendo del sabor
hojas de ensalada variadas,
para servir

para **decorar**
hojas de cilantro o **menta**
unas rodajas de **guindilla roja**

Salpimiente la carne por ambos lados. Ase cada lado bajo
el grill o la barbacoa durante 3 o 4 minutos (dependiendo
del grosor de la carne), dándole la vuelta de vez en cuando.
La carne desprenderá su grasa y debe cocerse lentamente
para conservar sus jugos y no quemarse. Puede saltear la carne,
si lo desea. Déjela reposar durante 4 o 5 minutos antes de cortarla.

Mezcle la carne con la salsa de pescado, el jugo de lima,
las escalonias, las cebollas tiernas, el cilantro y la guindilla
en polvo. Pruebe la condimentación y rectifique.

Reparta sobre un montoncito de hojas de ensalada variadas
y decore con unas hojas de menta o cilantro y rodajas
de guindilla.

Para preparar lonchas de carne especiada con anacardos,
puede utilizar ternera o buey. Una vez que haya cocido
y cortado la carne como se indica en la receta, mézclela
con el resto de los ingredientes más 2 tallos de hierba
limonera en rodajas finas y 50 g de anacardos tostados,
ligeramente picados. Apile sobre la ensalada y corone
cada plato con un gajo de lima o de limón.

ensalada de calamares

4 raciones
tiempo de preparación
15 minutos
tiempo de cocción **10 minutos**

500 g de **bolsas de calamar**
1 cucharada de **semillas
de sésamo blancas**
6 **tomates cereza**, por la mitad
2 **escalonias**, en rodajas finas
un trozo de 2,5 cm de **jengibre
fresco**, pelado y en tiras finas
2-3 **cebollas tiernas**, en rodajas
finas
2-3 **guindillas ojo de pájaro rojo**
pequeñas, picadas finas
3 **dientes de ajo**, picados finos
4 cucharadas de **jugo de lima**
2 cucharadas de **salsa
de pescado**

para **servir**
½ puñado de **hojas de cilantro**
2 puñados de **hojas de ensalada
variadas**

Prepare el calamar (*véase* pág. 13).

Fría en seco las semillas de sésamo en una sartén antiadherente dispuesta a fuego medio. Sacuda la sartén para mover las semillas durante 3 o 4 minutos, o hasta que estén ligeramente doradas. Póngalas en un cuenco pequeño.

Caliente un poco de agua en un cazo y llévela a ebullición. Añada el calamar y cuézalo durante 2 o 3 minutos; luego escúrralo (si lo cociera más tiempo, quedaría duro). Puede reservar el líquido como caldo.

Mezcle el calamar, los tomates, las escalonias, el jengibre, las cebollas tiernas, las guindillas y el ajo con el jugo de lima y la salsa de pescado. Pruebe la condimentación y rectifique.

Remueva con el cilantro y las hojas de ensalada y apile sobre cada plato de servicio. Reparta la preparación de calamar sobre la ensalada y esparza las semillas de sésamo.

Para preparar ensalada de setas variadas, sustituya el calamar por 300 g de setas variadas. Corte las setas grandes por la mitad y cuézalas en agua hirviendo durante 2 o 3 minutos. Escurra el máximo de líquido posible de las setas y mézclelas con los ingredientes, como se indica en la receta, y añada 2 cucharadas de salsa de soja ligera.

ensalada de berenjenas con langostinos

4 raciones

tiempo de preparación
20 minutos, más tiempo
de remojo

tiempo de cocción **40 minutos**

500 g de **berenjenas púrpura**
largas

1 **pimiento verde**

125 g de **langostinos** medianos
o grandes, crudos

50 g de **mangos** pequeños
verdes o 1 **manzana** verde

3-4 **escalonias**, en rodajas finas

40 g de **gambas secas molidas**

4 ½ cucharadas de **jugo**
de lima

1 ½ cucharadas de **salsa**
de pescado

1 **guindilla roja**, sin pedúnculo
ni semillas, en rodajas finas

125 ml de **leche de coco**

¼ de cucharadita de **harina**

Pinche las berenjenas con un tenedor. Áselas bajo el grill o la barbacoa con el pimiento a fuego bajo medio de 30 a 35 minutos. Deles la vuelta cuando se hayan oscurecido (el pimiento se cocerá más rápido). Reserve y deje enfriar.

Prepare los langostinos (*véase* pág. 13). Hierva un poco de agua en un cazo. Cueza los langostinos de 2 a 3 minutos, o hasta que se abran y estén rosados; escúrralos y reserve el líquido para un caldo.

Pele la berenjena y córtela en trozos de 2,5 cm. Retire la piel y las semillas del pimiento y córtelo en tiras finas. Ponga ambas hortalizas en un cuenco con los langostinos.

Pele y ralle finos los mangos o la manzana justo antes de mezclar para evitar que se oxiden, e incorpórelos con la berenjena, el pimiento, los langostinos, las escalonias, la mitad de las gambas secas, el jugo de lima, la salsa de pescado y la guindilla. Pruebe la condimentación y rectifique. Deje reposar 10 minutos.

Mezcle la leche de coco y la harina en un cazo pequeño. Remueva y cueza a fuego medio durante 2 o 3 minutos, o hasta que se espese. Reparta la preparación de berenjenas en una fuente de servicio. Vierta la leche de coco por encima y espolvoree con el resto de las gambas secas.

Para preparar ensalada de pimientos con langostinos, sustituya las berenjenas por 625 g de pimientos de varios colores, como rojo, amarillo y naranja. Ase los pimientos sobre el fuego (realza su aroma), y cueza los langostinos como se indica en la receta; luego mezcle con el resto de los ingredientes y prosiga como se indica.

ensalada de mango verde con langostinos

4 raciones
tiempo de preparación
10 minutos
tiempo de cocción **4 minutos**

175 g de **langostinos** medianos
   crudos
250 g de **mangos** verdes
   (unos 3) o **2 manzanas** verdes
3-4 **escalonias**, en rodajas finas
1-2 **guindillas ojo de pájaro**
   pequeñas, picadas finas
½ cucharada de **salsa**
   de pescado
25 g de **gambas secas molidas**
25 g de **cacahuetes tostados**
unas rodajas de **guindilla roja**,
   para decorar

Prepare los langostinos (*véase* pág. 13).

Lleve agua a ebullición en un cazo pequeño. Introduzca los langostinos y cuézalos durante 3 o 4 minutos, o hasta que se abran y estén rosados. Escúrralos (puede reservar el líquido para un caldo).

Pele y ralle finos los mangos o las manzanas justo antes de mezclar (para evitar que se oxiden) e incorpore con los langostinos, las escalonias, las guindillas, las salsa de pescado, las gambas secas y los cacahuetes. Pruebe la condimentación y rectifique.

Reparta en una fuente, adorne con rodajas de guindilla y sirva como una ensalada ligera para el verano.

Para preparar ensalada de mango verde con marisco, sustituya los langostinos por 175 g de marisco variado. Límpielo, si fuese fresco (*véase* pág. 13), o descongélelo poco a poco en la nevera para conservar su textura y sabor. Para una versión vegetariana, puede emplear 175 g de champiñones pequeños cortados o dados de berenjena.

ensalada de setas agridulce

4 raciones
tiempo de preparación
15 minutos
tiempo de cocción **10 minutos**

2 ½ cucharadas de **jugo
de lima**
1 cucharada de **salsa de soja
ligera**
1 cucharadita de **azúcar**
1 cucharada de **semillas
de sésamo blancas** y **negras**
300 g de **setas variadas**
(como *shiitake*, orellanas y
champiñones), sin los pies
y cortadas (enteras si son
pequeñas)
2 **escalonias**, en rodajas finas
1-2 **guindillas ojo de pájaro**
pequeñas, picadas finas
hojas de ensalada variadas,
para acompañar

Mezcle el jugo de lima, la salsa de soja y el azúcar y remueva hasta que este último se haya disuelto.

Fría en seco las semillas de sésamo en una sartén antiadherente a fuego medio. Agite la sartén para moverlas durante 3 o 4 minutos, o hasta que estén ligeramente doradas y comiencen a abrirse. Transfiéralas a un cuenco pequeño.

Hierva agua en un cazo. Baje el fuego, añada las setas y cueza durante 4 o 5 minutos. Escúrralas bien, póngalas en un cuenco con las escalonias, las guindillas y la salsa y mezcle ligeramente. Pruebe la condimentación y rectifique.

Repártalas sobre las hojas de ensalada y esparza con las semillas de sésamo.

Para preparar ensalada de setas agridulce con judías, sustituya la mezcla de setas por 250 g de judías finas y 4 tomates cereza. Corte las judías finas en diagonal, blanquéelas en agua hirviendo, escúrralas, póngalas en agua helada un minuto y vuélvalas a escurrir. Corte los tomates por la mitad. Mezcle las judías y los tomates como se indica en la receta. Sirva con 2 cucharadas de leche de coco con un poco de sal y esparza con las semillas de sésamo y 50 g de cacahuetes salados groseramente picados.

sopa de melón amargo con langostinos

4 raciones
tiempo de preparación
30 minutos
tiempo de cocción
20-25 minutos

4 **setas** *shiitake* frescas
o secas, en tiras gruesas
2-3 **dientes de ajo**, ligeramente
picados
3-4 **raíces** y **tallos de cilantro**,
ligeramente picados
250 g de **langostinos crudos
picados**
1 cucharada de **maicena**
¼ de cucharadita de **sal marina**
¼ de cucharadita de **pimienta
blanca molida**
400 g de **melón amargo**,
en anillos de 2,5 cm, sin las
semillas
8 **langostinos** crudos medianos
o grandes
1,2 litros de **caldo vegetal**
20 **bayas del Goji secas**
(opcional)
2 ½ cucharadas de **salsa
de soja ligera**
1 cucharada de **rábano
en conserva**

para **decorar**
unas rodajas de **cebollas tiernas**
hojas de cilantro

Remoje las setas secas en agua hirviendo de 8 a 10 minutos, o hasta que se ablanden. Corte y deseche los pies y escúrralas. Maje en un mortero el ajo y las raíces y los tallos de cilantro hasta obtener una pasta. Mezcle con los langostinos picados, la pasta de ajo, la maicena, sal y pimienta.

Reparta la preparación de langostinos en los anillos de melón (no los llene en exceso, pues se expandirán durante la cocción). Utilice un palillo para sujetar el anillo de un lado al otro. Esto asegurará el relleno dentro del anillo. Repita la operación con el resto del melón amargo y del relleno.

Prepare los langostinos enteros (*véase* pág. 13).

Ponga el caldo, las bayas del Goji (si las emplea), la salsa de soja y el rábano en una cacerola y lleve a ebullición. Baje el fuego a lento y añada los anillos de melón rellenos y las setas. Cueza de 10 a 12 minutos, o hasta que el melón esté tierno. Agregue los langostinos durante 3 o 4 minutos antes de finalizar la cocción. Pruebe y rectifique la condimentación. Deje los palillos en los anillos o retírelos. Vierta en cuencos de servicio y decore con cebollas tiernas y cilantro.

Para preparar sopa de pepino con pollo, sustituya el melón amargo por 400 g de pepino, sin semillas y cortado en anillos. Rellene el pepino con 375 g de pollo picado (agregue cualquier resto a la sopa cuando añada los langostinos). Continúe como se indica en la receta. También puede usar pavo o cerdo picado en vez del pollo.

sopa de fideos transparentes

2 raciones

tiempo de preparación
  30 minutos, más tiempo
  de remojo
tiempo de cocción **6 minutos**

3-4 **setas** *shiitake* secas
50 g de **láminas de tofu** secas
25 g de **flores de lirio** secas,
  remojadas, escurridas,
  o **brotes de bambú** de lata,
  escurridos y en rodajas finas
125 g de **fideos de judías**
  mungo o **transparentes**,
  remojados y escurridos
600 ml de **caldo vegetal**
1 ½-2 cucharadas de **salsa**
  de soja ligera
hojas de perejil picadas,
  para decorar

Remoje las setas *shiitake* en 300 ml de agua hirviendo durante 10 minutos, o hasta que se ablanden. Escúrralas y retire el exceso de agua, filtrando el líquido a través de un tamiz fino dispuesto sobre un cuenco para eliminar las impurezas y reservar el líquido. Retire y deseche los pies de las setas y córtelas en tiras finas.

Remoje el tofu seco en agua hirviendo de 6 a 8 minutos, o hasta que esté tierno; escúrralo y trocéelo. Ponga las flores secas en remojo en agua hirviendo de 8 a 10 minutos; luego, escúrralas. Finalmente, remoje los fideos en agua hirviendo durante 1 a 2 minutos, o hasta que se ablanden; luego, escúrralos.

Caliente en un cazo el caldo y el líquido de remojo reservado hasta que hierva. Añada la salsa de soja, el tofu, las flores y las setas y cueza durante 2 o 3 minutos. Incorpore los fideos y cocine 2 o 3 minutos más, removiendo con frecuencia. Pruebe la condimentación y rectifique.

Reparta en los cuencos de servicio y decore con las hojas de apio picadas.

Para preparar sopa de fideos transparentes con proteína picada, prescinda del tofu y las flores. Remoje 50 g de proteína finamente picada en agua hirviendo hasta que se ablande; luego, escurra el exceso de líquido. Mezcle 1 yema de huevo, 1 cucharada de cilantro picado, 1 diente de ajo picado fino, 1 ½ cucharadas de harina y ¼ de cucharadita de sal y pimienta. Forme unas bolas con dicha mezcla. Caliente 900 ml de caldo vegetal y el líquido del remojo, 3 cucharadas de salsa de soja ligera y 1 cucharada de rábano en conserva. Añada la proteína, las setas y los fideos y deje cocer durante 4 o 5 minutos.

sopa de coco, galanga y pollo

4 raciones
tiempo de preparación
10 minutos
tiempo de cocción **15 minutos**

400 ml de **leche de coco** de lata
2 tallos de **hierba limonera**
de 12 cm, aplastados,
y cortados en diagonal
un trozo de 5 cm de **galanga**,
pelada fina y en rodajas
2 **escalonias**, cortadas por
la mitad
10 **granos de pimienta negra**,
machacados
425 g de **filetes de pollo**
sin piel, en tiras finas
2 cucharadas de **salsa**
de pescado
25 g de **azúcar de coco**,
de palma o **moreno**,
o 2 cucharadas de **miel clara**
150 g de **setas variadas**
(como orellanas, *shiitake*
y champiñones)
3 cucharadas de **jugo de lima**
2-3 **hojas de lima** *kaffir*,
cortadas por la mitad
2-3 **guindillas ojo de pájaro rojo**
pequeñas, ligeramente majadas
4 **tomates cereza**, con el
pedúnculo si fuese posible
hojas de cilantro, para decorar

Ponga la leche de coco, la hierba limonera, la galanga, las escalonias y el pimiento en un cazo a fuego medio y lleve a ebullición.

Incorpore el pollo, la salsa de pescado, el azúcar o la miel y cueza a fuego lento, sin dejar de remover, durante 4 o 5 minutos, o hasta que el pollo esté cocido.

Corte las setas por la mitad, si fuesen grandes, y retire los pies duros; luego, añádalas al cazo y cueza a fuego lento durante 2 o 3 minutos; incorpore el jugo de lima, las hojas de lima y las guindillas. Pruebe la condimentación y rectifique (este plato no debe quedar demasiado picante, sino que debe presentar un sabor dulce, salado y agrio). Agregue los tomates cereza en los últimos segundos, para que no pierdan su forma.

Reparta en los cuencos de servicio y corone con hojas de cilantro.

Para preparar sopa de coco y galanga con boniatos, sustituya el pollo por 425 g de boniatos. Hiérvalos de 8 a 10 minutos, o hasta que estén tiernos. Añada 2 ½ cucharadas de salsa de soja ligera una vez que hierva la mezcla de leche de coco. Incorpore las setas y cueza durante 2 o 3 minutos. Agregue el boniato cocido y caliente durante 2 o 3 minutos y termine como se indica en la receta.

sopa de fideos y pollo picado

4 raciones
tiempo de preparación
10 minutos
tiempo de cocción **15 minutos**

50 g de **fideos** *mungo*
o **transparentes**
½ puñado de **setas negras**
secas
2 cucharadas de **aceite**
de girasol
3-4 **dientes de ajo**, picados finos
500 g de **pollo picado**
20 **hojas de cilantro**, picadas
finas
¼ de cucharadita de **sal marina**
¼ de cucharadita de **pimienta**
blanca molida
1,2 litros de **caldo vegetal**
o de **pollo**
2 cucharadas de **salsa de soja**
ligera
1 cucharada de **rábano**
en conserva

para **decorar**
1-2 **cebollas tiernas**, en trozos
de 2,5 cm
hojas de cilantro

Remoje los fideos en agua hirviendo durante 4 o 5 minutos,
o hasta que se ablanden. Escúrralos y córtelos. Ponga las setas
secas en remojo en agua hirviendo durante 4 o 5 minutos,
o hasta que se ablanden; escúrralas. Deseche los pies y
píquelas finas.

Caliente el aceite en un wok pequeño y saltee el ajo a fuego
medio durante 1 o 2 minutos, o hasta que esté ligeramente
dorado. Póngalo en un cuenco pequeño.

Mezcle el pollo con el caldo, la salsa de soja y el rábano
en una cacerola y llévelo a ebullición. Baje a fuego medio
y emplee una cuchara o los dedos húmedos para formar
bolas de 1 cm con la mezcla de pollo. Sumérjalas en el
caldo y cueza durante 3 o 4 minutos. Añada los fideos
y las setas negras y cocine 2 o 3 minutos más, removiendo
con frecuencia. Pruebe la condimentación y rectifique.

Reparta en cuencos de servicio y decore con cebollas tiernas,
cilantro y un chorrito del aceite de ajo.

Para preparar sopa de fideos y pescado picado, sustituya
el pollo picado por 500 g de pescado picado. Mézclelo con
1 ½ cucharadas de harina para poder formar las albóndigas.
Prepare y cueza como se indica en la receta; luego, sirva
inmediatamente.

bolsitas en leche de coco

4 raciones
tiempo de preparación
30 minutos
tiempo de cocción
25-30 minutos

375 g de **pollo picado**
3-4 **dientes de ajo**, picados finos
6 **raíces** y **tallos de cilantro**,
    3 picados finos
¼ de cucharadita de **pimienta
    blanca molida**
40 **láminas de** *wonton*, de 7 cm
    de lado
400 ml de **leche de coco**
    en lata
350 ml de **caldo vegetal**
    o de **pollo**
3 tallos de **hierba limonera** de
    12 cm, aplastados y cortados
    en diagonal
un trozo de 2,5 cm de **galanga**,
    raspada fina y en rodajas finas
4 **escalonias**, cortadas por
    la mitad
150 g de **champiñones
    pequeños**, frotados y limpios
2-3 **guindillas** pequeñas,
    aplastadas
2-2 ½ cucharadas de **salsa
    de pescado**
4-5 cucharadas de **jugo
    de lima**
8 **tomates cereza**
hojas de espinacas, para servir

Mezcle el pollo, el ajo, el cilantro picado y la pimienta. Ponga 1 cucharadita de la preparación en el centro de cada lámina de *wonton*. Pincele los bordes con agua y únalos hacia arriba, apretándolos para formar una bolsita. Extiéndala sobre una placa y repita hasta que termine todos los ingredientes del relleno y la pasta.

Cueza las bolsitas de *wonton* en agua hirviendo unos 2 o 3 minutos, o hasta que floten. Retírelos con una espumadera y sumérjalos en un cuenco con agua fría.

Ponga la leche de coco, el caldo, la hierba limonera, la galanga, el cilantro y las escalonias en una cacerola y lleve a ebullición. Añada las setas y las guindillas y cueza 3 o 4 minutos más. Incorpore la salsa de pescado y el zumo de lima. Pruebe la condimentación y rectifique.

Escurra los *wonton* cocidos y póngalos en la cacerola anterior. Agregue los tomates cereza durante los últimos segundos para que no pierdan su forma.

Coloque un puñado de espinacas en cada plato. Reparta la sopa de *wonton* por encima.

Para preparar bolsitas y fideos en leche de coco, cueza las bolsitas, escúrralas y póngalas en un cuenco con agua. Cueza 125 g de fideos transparentes en la misma agua hirviendo durante 1 minuto, o hasta que se ablanden, escúrralos y póngalos en un cuenco de agua. Hierva la leche de coco, el caldo, la hierba limonera, la galanga y el cilantro como se indica en la receta. Añada las bolsitas y los fideos y rectifique la condimentación con salsa de pescado y lima. Reparta en los platos con las hojas de espinacas.

sopa agria con hortalizas

4 raciones
tiempo de preparación
20 minutos
tiempo de cocción **15 minutos**

350 g de **hortalizas variadas**
(espárragos, calabacín, setas,
mazorcas de maíz mini, judías
verdes y tirabeques)
900 ml de **caldo vegetal**
2-3 cucharadas de **pasta
de curry agria**
20 **bayas del Goji secas**
(opcional)
175 g de **espinacas de agua
o comunes**, cortadas en trozos
de 5 cm, hojas superiores
separadas
2-2 ½ cucharadas de **salsa
de soja clara**
½ -1 cucharadita de **azúcar
de palma, de coco, moreno
o miel**
4-5 cucharadas de **puré de
tamarindo** (*véase* pág. 90)
o 3-3 ½ cucharadas de **jugo
de lima o de limón**

Corte los espárragos en trozos de 5 cm y el calabacín, las
setas y las mazorcas de maíz por la mitad a lo largo. Recorte los
extremos de las judías y los tirabeques y córtelos en diagonal.

Caliente el caldo con la pasta de curry agria y las bayas del Goji
(opcional) en una cacerola a fuego medio y lleve a ebullición.
Incorpore los espárragos, el calabacín y las setas, el maíz,
las judías verdes, los tirabeques y las espinacas, la salsa
de soja, el azúcar y el puré de tamarindo o el jugo de lima
y cueza durante 3 o 4 minutos más.

Añada las hojas de las espinacas y cueza otro minuto,
removiendo de vez en cuando. Pruebe la condimentación
y rectifique, utilizando un poco más de salsa de soja, azúcar y
puré de tamarindo, jugo de lima o de limón, si fuese necesario.
Reparta en platos y sirva como acompañamiento.

Para preparar pasta de curry agria, maje o bata
3 o 4 cucharadas de guindillas rojas frescas picadas,
un trozo de 2,5 cm de galanga raspada y cortada en
rodajas finas, 3 escalonias picadas y ¼ de cucharadita
de cinco especias en polvo. Prosiga hasta que la mezcla
forme una pasta.

platos de carne

cerdo con salsa agridulce

4 raciones
tiempo de preparación
10 minutos
tiempo de cocción **30 minutos**

125 g de **harina bizcochona**
1 cucharadita de **levadura**
  en polvo
¼ de cucharadita de **sal marina**
150 ml de **agua**
150 g de **rodajas de piña**
  de lata al natural
2 cucharadas de **caldo vegetal**
  o **agua**
½ cucharadita de **maicena**
2 cucharadas de **kétchup**
1 cucharada de **salsa**
  de pescado
40 g de **azúcar blanquilla**
  o **moreno**, o 3 cucharadas
  de **miel clara**
aceite de girasol, para freír
275 g de **solomillo de cerdo**,
  en filetes finos
2-3 **dientes de ajo**, picados finos
1 **zanahoria**, en tiras finas
1 **cebolla roja**, en rodajas finas
1 **pimiento verde**, sin semillas
  y en trozos pequeños
un trozo de 5 cm de **pepino**,
  cortado por la mitad, en rodajas
  finas
1 **tomate**, cortado en cuartos
hojas de cilantro, para decorar

Mezcle la harina, la levadura en polvo y la sal en un cuenco. Agregue el agua poco a poco y siga removiendo hasta que obtenga una pasta lisa. Incorpórela en un cuenco con unas 6 cucharadas del almíbar de la piña, el caldo o el agua, la maicena, el kétchup, la salsa de pescado y el azúcar o la miel hasta que la mezcla esté homogénea.

Caliente 7 cm de aceite en un wok a fuego medio. Estará listo cuando, al dejar caer un poco de la mezcla, chisporrotee enseguida. Reboce la mitad del cerdo con la masa y déjelo caer en el aceite. Fría durante 4 o 5 minutos, o hasta que esté bien dorado. Escurra sobre papel de cocina. Repita la operación con el resto.

Retire la mayor parte del aceite, dejando 1 ½ cucharadas en el wok, y saltee el ajo a fuego medio durante 1 o 2 minutos hasta que esté ligeramente dorado. Añada la zanahoria, la cebolla y la pimienta y saltee sin dejar de remover durante 3 o 4 minutos. Incorpore la preparación de pepino, piña, tomate y el almíbar de piña y mezcle durante 1 o 2 minutos. Pruebe la condimentación y rectifique. Ponga el cerdo en el recipiente e incorpórelo cuidadosamente a la salsa.

Reparta la preparación en platos calientes y decore con las hojas de cilantro.

Para preparar salsa de hortalizas agridulce, sustituya el cerdo por 275 g de hortalizas, como mazorcas de maíz mini, setas, judías verdes recortadas, zanahorias en tiritas, pimientos en trocitos y calabacines en rodajas. Utilice 1 ½ cucharadas de salsa de soja ligera en vez de la de pescado. Fría las hortalizas rebozadas con la masa y reparta la salsa agridulce por encima.

pollo con hortalizas

4 raciones (con 2 platos más)
tiempo de preparación
 10 minutos
tiempo de cocción **6-10 minutos**

325 g de **hortalizas variadas**
 (maíz mini, judías verdes,
 espárragos y zanahorias)
1 ½ cucharadas de **aceite
 de girasol**
3-4 **dientes de ajo**, picados finos
325 g de **filetes de pollo**,
 sin piel y en dados
4 cucharadas de **caldo de pollo**,
 vegetal o agua
un trozo de 2,5 cm de **jengibre
 fresco**, pelado y en rodajas
 finas
2 cucharadas de **salsa de ostras**
1 ½-2 cucharadas de **salsa
 de soja ligera**
2 **cebollas tiernas**, en rodajas
 finas
hojas de cilantro, para decorar

Prepare las hortalizas. Corte por la mitad las mazorcas de maíz y las judías verdes. Haga lo mismo con las yemas de los espárragos y con cada tallo (en trozos de 5 cm). Corte las zanahorias en tiras.

Blanquee las hortalizas en agua hirviendo durante 1 o 2 minutos; retírelas y póngalas en un cuenco con agua fría para que conserven una textura crujiente; luego, escúrralas.

Caliente el aceite en un wok o sartén grande y saltee el ajo a fuego medio hasta que esté ligeramente dorado.

Añada el pollo y saltéelo sin dejar de remover, de 3 a 5 minutos, o hasta que la carne esté cocida. Incorpore las hortalizas, el caldo o el agua, el jengibre, la salsa de ostras y la de soja y saltee, mientras remueve, de 2 a 3 minutos. Agregue las cebollas tiernas.

Viértalas en una fuente de servicio, decore con el cilantro y sirva inmediatamente.

Para preparar caldo vegetal, ponga 2,5 litros de agua en una cacerola grande con 1 mazorca de maíz (preparada), 2 zanahorias ligeramente picadas, 2 tallos de apio ligeramente picados, 1 cebolla sin la piel externa ni la raíz y cortada en cuatro trozos, 200 g de berza o brécol, 2,5 cm de jengibre fresco en rodajas finas, 3-4 plantas de cilantro enteras (lavadas, con las raíces ligeramente aplastadas), 30 bayas del Goji (opcional) y 10 granos de pimienta aplastados y lleve a ebullición a fuego medio. Baje el fuego a lento y cueza de 45 a 60 minutos. Remueva y retire las impurezas de la superficie. Filtre el caldo sobre un recipiente limpio.

pato salteado con brécol

4 raciones

tiempo de preparación
20 minutos

tiempo de cocción **20 minutos**

275 g de **ramitos de brécol**

1 cucharada de **semillas de sésamo blancas**

1 ½-2 cucharadas de **aceite de girasol**

2-3 **dientes de ajo**, picados finos

1 **cebolla**, en rodajas finas

1 **pimiento rojo**, sin semillas y en trozos pequeños

500 g de **filetes de pato** sin piel, en lonchas finas

un trozo de 2,5 cm de **jengibre fresco**, pelado y rallado fino

2 cucharadas de **caldo vegetal** o **agua**

2 cucharadas de **salsa de soja ligera**

1 ½ cucharadas de **salsa de ostras**

Blanquee los ramitos de brécol en agua hirviendo durante 1-1 ½ minutos. Retírelos y sumérjalos en un cuenco de agua fría o páselos bajo el grifo para que conserven una textura crujiente.

Fría en seco las semillas de sésamo en una sartén antiadherente a fuego medio. Sacuda el recipiente durante 3 o 4 minutos, o hasta que las semillas estén ligeramente doradas y comiencen a abrirse. Póngalas en un cuenco pequeño.

Caliente el aceite en un wok o sartén grande. Saltee el ajo, la cebolla y el pimiento rojo a fuego medio durante 1 o 2 minutos, o hasta que el ajo se haya dorado ligeramente. Incorpore el brécol, el pato, el jengibre, el caldo o el agua, la salsa de soja y la de ostras y saltee, sin dejar de remover, durante 3 o 4 minutos, o hasta que el pato esté cocido a su gusto. Pruebe la condimentación y rectifique.

Reparta la preparación en una fuente caliente y esparza por encima las semillas de sésamo. Acompañe con arroz hervido o fideos.

Para preparar pato salteado con castañas, sustituya el brécol por 125 g de castañas de agua cortadas por la mitad y 1 zanahoria en rodajas finas. Una vez que el ajo esté ligeramente dorado, añada la cebolla, el pimiento rojo, las zanahorias y las castañas y saltee, sin dejar de remover, durante 4 o 5 minutos. Agregue el pato, el jengibre, el caldo, la salsa de soja y la de ostras y 2-3 cucharadas de salsa de guindilla dulce (*véase* pág. 36). Saltee durante 3-4 minutos, pruebe y rectifique la condimentación.

cerdo con huevos salados

2 raciones
tiempo de preparación
20 minutos
tiempo de cocción **9 minutos**

2 **huevos salados** (*véase*
pág. 34), hervidos, pelados
y cortados
1 ½ cucharadas de **aceite
de girasol**
1 **diente de ajo**, picado
75 g de **cerdo picado**
200 g de **brotes de soja**
4 cucharadas de **caldo vegetal**
1 cucharada de **salsa de ostras**
1 cucharada de **salsa de soja
ligera**
2 **guindillas rojas** grandes,
cortadas en diagonal
1 **cebolla tierna**, cortada
en diagonal
hojas de cilantro, para decorar

Deje enfriar los huevos duros salados. Caliente el aceite
en un wok y saltee el ajo durante 1 o 2 minutos, o hasta que
esté ligeramente dorado. Incorpore el cerdo y saltee otros
2 o 3 minutos, o hasta que esté desmenuzado y separado.
Añada los brotes de soja, el caldo vegetal, la salsa de ostras
y la de soja y fría durante 3 o 4 minutos.

Añada las guindillas, la cebolla tierna y los huevos salados
y mezcle ligeramente.

Reparta en cuencos y decore con las hojas de cilantro.
Sirva como acompañamiento.

**Para preparar cerdo y huevos salados salteados
con fideos**, cueza 300 g de fideos de copos arroz
(*kua chap*) o 175 g de fideos de arroz secos en agua
hirviendo; luego escúrralos. Los primeros precisan
2 o 3 minutos y los segundos, de 8 a 10 minutos
de cocción. Dore ligeramente 2-3 dientes de ajo picados
y saltee el cerdo. Incorpore los brotes de soja y saltee,
mientras remueve, 2 o 3 minutos; añada los fideos, el
caldo, 2 cucharadas de salsa de ostras, 1 ½ cucharadas
de salsa de soja ligera y el resto de los ingredientes. Esparza
por encima 50 g de anacardos ligeramente picados.

curry rojo de buey

4 raciones
tiempo de preparación
15 minutos
tiempo de cocción
10-15 minutos

1 ½ cucharadas de **aceite
de girasol**
2-3 cucharada de **pasta
de curry rojo** (*véase* pág. 94)
500 g de **solomillo**, en filetes
finos
200 g de **berenjenas
tailandesas variadas**,
en cuatro trozos
400 ml de **leche de coco** de lata
50 ml de **caldo de buey, vegetal**
o **agua**
2 ½ cucharadas de **salsa
de pescado**
25 g de **azúcar de coco, palma**
o **moreno**, o 2 cucharadas
de **miel clara**
2 **tomates**, cortados
2-3 **hojas de lima** *kaffir*, partidas
por la mitad

para **decorar**
hojas de cilantro
unas rodajas de **guindilla roja**

Caliente el aceite en un wok o sartén y saltee la pasta
de curry a fuego medio durante 3 o 4 minutos, o hasta
que desprenda aroma.

Incorpore el buey y saltee 4 o 5 minutos. Añada las berenjenas,
la leche de coco, el caldo, la salsa de pescado y el azúcar
y la miel y cueza durante 4 o 5 minutos, o hasta que las
berenjenas estén tiernas, removiendo de vez en cuando.
Pruebe la condimentación y rectifique. Agregue los tomates
y las hojas de lima en los últimos segundos.

Transfiera a 4 cuencos de servicio y adorne con las hojas
de cilantro y la guindilla.

Para preparar curry rojo con hortalizas, sustituya la carne
por 500 g de hortalizas variadas (como espárragos, judías
verdes, mazorcas de maíz mini y calabacines). Una vez
que la pasta de curry desprenda aroma, añada la leche
de coco, el caldo vegetal, 2 ½ cucharadas de salsa de
soja ligera (en vez de la de pescado), azúcar o miel y las
berenjenas tailandesas y cueza durante 3 o 4 minutos.
Agregue las hortalizas variadas y cueza otros 3 o 4 minutos.
Finalice con los tomates y las hojas de lima, y decore como
se indica en la receta.

lonchas de carne especiadas

4 raciones (con otros 3 platos
  principales)
tiempo de preparación
  10 minutos, más tiempo
  de reposo
tiempo de cocción
  10-14 minutos

375 g de **bistec de solomillo**,
  lomo o **cadera**
1 **tallo de hierba limonera**
  de 12 cm (sólo la parte blanca),
  en rodajas finas
3 **escalonias**, en rodajas finas
5 **hojas de lima** *kaffir*,
  en rodajas finas
4 cucharadas de **jugo de limón**
1 ½ cucharadas de **salsa
  de pescado**
1 cucharada de **arroz molido**
3-4 **guindillas rojas** o **verdes**
  pequeñas, picadas finas,
  o ½-1 cucharadita de **guindilla
  en polvo** al gusto
2 cucharadas de **hojas de menta**,
  ligeramente picadas
hojas de ensalada variadas,
  para servir

Precaliente la barbacoa o el grill a temperatura media (si emplea
el grill, forre la placa con papel de aluminio). Ponga el buey sobre
la rejilla del grilll y cueza de 5 a 7 minutos por lado, dando la
vuelta de vez en cuando. Deje reposar la carne 5 minutos como
mínimo; luego, córtela en tiras en sentido horizontal.

Mezcle en un cuenco el buey, la hierba limonera, las escalonias,
las hojas de lima, el jugo de limón, la salsa de pescado, el arroz
molido, las guindillas o la guindilla en polvo y las hojas de menta.

Ponga en el fondo de una fuente las hojas de ensalada
y reparta la carne cortada por encima. Sirva inmediatamente.

Para preparar carne y fideos especiados, cueza 375 g
de fideos secos pequeños de unos 2,5 mm de ancho, en agua
hirviendo durante 8-10 minutos, o siguiendo las instrucciones
del paquete. Escurra y mezcle con 1 cucharadita de salsa de
pescado y un trozo de1 cm de jengibre rallado fino. Divida
entre 4 platos y reparta la carne por encima. Acompañe
con gajos de limón y ensalada.

curry amarillo de pollo

4 raciones

tiempo de preparación
15 minutos

tiempo de cocción
10-13 minutos

1 ½ cucharada de **aceite de girasol**

2-3 cucharadas de **pasta de curry amarillo**

500 g de **filetes de pollo** sin piel, en lonchas finas

400 ml de **leche de coco**

50 ml de **caldo vegetal**, de pollo o **agua**

2 ½ cucharadas de **salsa de pescado**

25 g de **azúcar de palma**, de **coco** o **moreno**, o 2 cucharadas de **miel clara**

150 g de **piña** o 1 lata de **piña pequeña al natural**, escurrida, cada rodaja en 5 trozos

4 **tomates cereza**, con el pedúnculo si es posible

2-3 **hojas de lima** *kaffir*, partidas por la mitad

para **decorar**
hojas de cilantro

Caliente el aceite en un wok o una sartén grande. Saltee la pasta de curry amarilla a fuego medio durante 3 o 4 minutos, o hasta que desprenda aroma.

Incorpore el pollo y saltee, sin dejar de remover, durante 4 o 5 minutos. Añada la leche de coco, el caldo o agua, la salsa de pescado, el azúcar o la miel y la piña, y cueza a fuego medio durante 3 o 4 minutos, removiendo de vez en cuando. Pruebe la condimentación y rectifique. Agregue los tomates y las hojas de lima en los últimos segundos, cuidando que los tomates mantengan su forma.

Reparta en 4 cuencos de servicio y decore con el cilantro.

Para preparar pasta casera de curry amarillo, retire el pedúnculo y las semillas de 3 a 4 guindillas rojas largas secas y píquelas ligeramente; remójelas en agua caliente durante 3 o 4 minutos y escúrralas; si fuesen frescas, no es necesario. Májelas o bátalas, con un tallo de12 cm de hierba limonera en rodajas, un trozo de 2,5 cm de galanga pelada y en rodajas finas, 4 dientes de ajo picados, 3 escalonias picadas, 3-4 raíces y tallos de cilantro, 3 hojas de lima *kaffir* desmenuzadas, 1 cucharadita de pasta de gambas, 1 cucharadita de comino molido y 1 cucharada de pasta de curry amarilla. Continúe hasta que la mezcla forme una pasta. Puede prescindir de las gambas para una versión vegetariana. Utilice esta cantidad de pasta de curry para 4 personas.

pollo con pasta de guindilla quemada

4 raciones
tiempo de preparación
20 minutos
tiempo de cocción
20-25 minutos

1 cucharada de **aceite
de girasol**
375 g de **filetes de pollo**
sin piel, en dados
1-1 ½ cucharadas de **salsa
de pescado**
2 cucharadas de **caldo de pollo**
½ cucharadita de **azúcar**
125 g de **anacardos tostados**

para la **pasta de guindilla
quemada**
aceite de girasol, para freír
3-4 **guindillas rojas** grandes
secas, picadas
6 **dientes de ajo**, ligeramente
picados
4 **escalonias**, en rodajas finas
1 ½-2 cucharadas de **puré
de tamarindo**
½-1 cucharada de **salsa
de pescado**
25 g de **azúcar moreno** o **miel**
1 cucharada de **gambas secas
molidas** (opcional)

para **decorar**
unas rodajas de **guindilla roja**
**ramitas de albahaca dulce
tailandesa**

Prepare la pasta de guindilla quemada. Caliente 5 cm de aceite en una cacerola a fuego medio. Fría las guindillas unos segundos (sin llegar a quemarlas) para que desprendan su aroma. Póngalas en un robot o batidora. Saltee el ajo durante 3 o 4 minutos o hasta que esté ligeramente dorado; luego, añádalo a las guindillas. Fría las escalonias de 6 a 8 minutos, o hasta que estén ligeramente doradas y bátalas con las guindillas y el ajo hasta obtener una mezcla homogénea.

Transfiera la pasta a una cacerola con 1 ½ cucharadas del aceite empleado para freír. Incorpore el puré de tamarindo, la salsa de pescado, el azúcar o la miel y las gambas molidas, si las emplea, y saltee, sin dejar de remover, durante 1 o 2 minutos, o hasta que el azúcar se haya disuelto.

Caliente el aceite con 2 cucharadas de la pasta de guindilla quemada en un wok o sartén de fondo grueso y fría el pollo durante 4 o 5 minutos, o hasta que esté cocido. Añada la salsa de pescado, el caldo, el azúcar y los anacardos y saltee, mientras remueve, otros 2 minutos. Pruebe la condimentación y rectifique, y añada más pasta de guindilla si fuese necesario.

Sirva en una fuente y decore con las rodajas de guindilla y las ramitas de albahaca.

Para preparar puré de tamarindo casero, remoje 50 g de pulpa de tamarindo (unas 2 cucharadas) en 200 ml de agua hirviendo durante 4 o 5 minutos. Aplaste con el dorso de una cuchara o tenedor para ayudar a que se disuelva. Luego filtre el líquido denso sobre un cuenco pequeño y reserve las fibras en otro (utilícelas si desea volver a filtrar el líquido).

curry de pollo al vapor

4 raciones
tiempo de preparación
30 minutos
tiempo de cocción
15-20 minutos

2 cucharadas de **pasta de curry
roja** (*véase* pág. 94)
300 g de filetes de **pechuga
de pollo**, en lonchas finas
400 ml de **leche de coco** de lata
(reserve 4 cucharadas)
2 **huevos** grandes
2 ½ cucharadas de **salsa
de pescado**
1 puñado de **albahaca dulce
tailandesa**, de **espinacas**
o **tiras de col**
½ cucharadita de **harina**

para **decorar**
2 **hojas de lima** *kaffir*,
en tiras finas
unas rodajas de **guindilla roja**

Llene hasta la mitad una vaporera con agua; tape y lleve
a ebullición a fuego medio.

Mezcle la pasta de curry, el pollo, la leche de coco, los huevos y la
salsa de pescado. Ponga en el fondo de 4 cuencos individuales
unas hojas de albahaca, espinacas o tiras de col.

Reparta la preparación dc pollo hasta tres cuartos de
su altura. Coloque los cuencos en una vaporera de bambú
tradicional dispuesta sobre una rejilla de bambú, dentro
del wok. Tape y deje cocer al vapor de 15 a 20 minutos.

Mientras tanto, incorpore en un cazo pequeño la harina
y la leche de coco reservada hasta que la preparación esté
lisa. Remueva y cueza a fuego medio durante 2 o 3 minutos,
o hasta que se espese. Reparta un poco sobre el pollo al vapor.

Esparza por encima las hojas de lima y las rodajas de guindilla
y sirva.

Para preparar curry de pescado al vapor con espirulina,
sustituya la pasta de curry rojo por 2-3 cucharadas de
pasta de curry verde (*véase* pág. 200) y el pollo por 300 g
de pescado picado, como merluza o bacalao. Mezcle la
pasta de curry, el pescado, la leche de coco, los huevos,
la salsa de pescado, 50 g de anacardos ligeramente
picados y 1 cucharada de espirulina. Reparta en 4 cuencos
individuales hasta llenarlos a tres cuartos de su capacidad.
Tape con las hojas de albahaca y coloquc cncima una rodaja
de huevo salado (*véase* pág. 34), con el lado plano en el centro.
Cueza al vapor como se indica; rocie sobre él la leche de coco
y esparza unas rodajas de guindilla.

curry de pollo y berenjenas mini

4 raciones (con otros 2 platos
principales)
tiempo de preparación
5 minutos
tiempo de cocción
10-12 minutos

1 ½ cucharadas de **aceite
de girasol**
2-3 cucharadas de **pasta
de curry rojo**
475 g de **filetes de pollo
sin piel**, en tiras finas
250 ml de **leche de coco** de lata,
bien agitada
200 ml de **caldo de pollo**
200 g de **berenjenas
tailandesas**
2 ½-3 cucharadas de **salsa
de pescado**
25 g de **azúcar de palma
o coco**
6 **hojas de lima** *kaffir*,
cortadas por la mitad
**hojas de albahaca dulce
tailandesa**, para decorar

Caliente el aceite en un wok o sartén grande y saltee la pasta
de curry a fuego medio unos 2 minutos, o hasta que esté fragante.

Añada el coco y saltéelo, sin dejar de remover, durante
2 o 3 minutos. Incorpore la leche de coco, el caldo, las
berenjenas, la salsa de pescado, el azúcar y la hoja de lima
y cueza de 5 a 7 minutos.

Reparta en un cuenco de servicio, decore con las hojas
de albahaca y sirva inmediatamente.

Para preparar pasta casera de curry rojo, retire los
pedúnculos y las semillas a 3-4 guindillas rojas largas
ligeramente picadas y remójelas en agua caliente durante
3 o 4 minutos; luego, escúrralas. Májelas, o bátalas, con un tallo
de 12 cm de hierba limonera picada fina, un trozo de 2,5 cm de
galanga en rodajas finas, 4 dientes de ajo, 3 escalonias picadas,
3-4 raíces y tallos de cilantro, 3 hojas de lima *kaffir* en tiras,
1 cucharadita de pasta de gambas y 1 cucharadita de cilantro
molido. Continúe hasta que la mezcla forme una pasta.
Puede prescindir de la pasta de gambas para una versión
vegetariana. Utilice esta cantidad de pasta de curry
para 4 personas.

buey con salsa de judías negras

4 raciones
tiempo de preparación
10 minutos
tiempo de cocción **8-11 minutos**

1 ½ cucharadas de **salsa
de judías negras**, aplastadas
100 ml de **caldo de buey,
vegetal** o agua
1 cucharada de **salsa
de pescado**
2 cucharadas de **salsa de ostras**
½ cucharada de **maicena**
1 ½ cucharadas de **aceite
de girasol**
3-4 **dientes de ajo**, picados finos
500 g de **filetes de buey**,
en lonchas finas
1 **pimiento amarillo** o **rojo**,
sin semillas y en trocitos
1 **cebolla**, en rodajas finas
2-3 **cebollas tiernas**, en trozos
de 2,5 cm
hojas de cilantro, para decorar

Mezcle en un cuenco pequeño la salsa de judías negras, el caldo o el agua, las salsas de pescado y ostras y la maicena.

Caliente el aceite en un wok o una sartén grande y saltee el ajo a fuego medio durante 1 o 2 minutos, o hasta que esté ligeramente dorado. Añada el buey y fría, sin dejar de remover, durante 4 o 5 minutos.

Incorpore el pimiento y la cebolla y saltee durante 3 o 4 minutos más. Agregue la salsa de judías negras y las cebollas tiernas y mezcle. Pruebe la condimentación y rectifique.

Reparta en 4 platos de servicio y decore con las hojas de cilantro.

Para preparar hortalizas con salsa de judías negras, sustituya el buey por 500 g de hortalizas variadas, como setas, calabacines, rábano blanco, zanahorias en tiras, mazorcas de maíz mini, judías verdes ligeramente picadas, brotes de soja y hojas de col. Utilice un caldo vegetal y reemplace las salsas de pescado y ostras por 1 ½ cucharadas de salsa de soja ligera. Una vez que el ajo esté ligeramente dorado, añada las setas, los calabacines, el rábano y las zanahorias y saltee durante 3 o 4 minutos. Incorpore el maíz, las judías, la col y los brotes de soja y fría otros 3 o 4 minutos. Siga la receta.

pollo tailandés a la barbacoa

4-6 raciones
tiempo de preparación
  30-40 minutos, más tiempo
  de marinado
tiempo de cocción
  10-40 minutos

un **tallo de hierba limonera**
  de 12 cm, en rodajas finas
un trozo de 5 cm de **galanga**
  fresca, pelada y picada fina
4 **dientes de ajo**, picados
4 **escalonias**, picadas finas
4 **raíces** y **tallos de cilantro**,
  picados finos
1,5 kg de **pollo** abierto por la
  mitad y aplanado, o una mezcla
  de pechugas, contramuslos y
  muslos de pollo, preparados
  y secos
150 ml de **leche de coco** espesa
1 ½ cucharadas de **salsa**
  de pescado
1 cucharadita de **pimienta**
  molida
gajos de **lima**, para servir
flores de cebollino,
  para decorar

Maje la hierba limonera, la galanga, el ajo, las escalonias y el cilantro en un mortero o utilice el robot hasta reducirlos a una pasta. Añada la leche de coco, la salsa de pescado y la pimienta y bata bien. Vierta el marinado de coco sobre el pollo, tape y deje reposar 3 horas como mínimo o toda la noche en la nevera, dándole la vuelta de vez en cuando.

Retire el pollo del marinado y colóquelo sobre la barbacoa caliente; áselo de 30 a 40 minutos, si el pollo está aplanado, y de 10 a 15 minutos, si está troceado, dándole la vuelta y rociándolo regularmente con el resto del marinado. Estará cocido cuando, al insertar una broqueta en el muslo, los jugos salgan claros.

Deje reposar el pollo 5 minutos y trocéelo en piezas pequeñas.

Sirva con salsa de guindilla dulce (*véase* pág. 36), arroz blanco pegajoso (*véase* pág. 220) y gajos de lima. Decore con flores de cebollino y degústelo con los dedos.

Para preparar pollo a la barbacoa especiado del sur de Tailandia, añada 3 guindillas rojas frescas o 3-5 guindillas rojas largas (de unos 12 cm) y 2 cucharaditas de cúrcuma molida. Remoje las guindillas secas en agua hirviendo durante 4 o 5 minutos, o hasta que se ablanden; luego, escúrralas. Májelas, o bátalas, con la cúrcuma molida y el resto de los ingredientes. Adobe el pollo y áselo como se indica en la receta y acompáñelo con arroz blanco pegajoso y gajos de lima.

pollo salteado con anacardos

4 raciones
tiempo de preparación
10 minutos
tiempo de cocción **unos
25 minutos**

5 cucharadas de **caldo vegetal,
de pollo** o **agua**
1 ½ cucharadas de **salsa
de pescado**
2 cucharadas de **salsa de ostras**
½ cucharadita de **azúcar**
1 cucharadita de **maicena**
75 g de **anacardos**
2 cucharadas de **aceite
de girasol**
1-2 **guindillas rojas** secas, de
unos 12 cm de largo, sin tallo
ni semillas, en trozos de 1 cm
2-3 **dientes de ajo**, picados finos
500 g de **filetes de pollo**
sin piel, en lonchas finas
1 **zanahoria**, en tiras finas
1 **pimiento rojo** o **amarillo**,
sin semillas, cortado en trocitos
1 **cebolla**, en rodajas finas
2-3 **cebollas tiernas**, en trozos
de 2,5 cm
pimienta negra molida
hojas de cilantro, para decorar

Mezcle en un cuenco pequeño el caldo, el agua, las salsas
de pescado y de ostras, el azúcar y la maicena, hasta que
la preparación tenga una textura homogénea.

Fría en seco los anacardos en una sartén antiadherente a fuego
lento. Sacúdala para removerlos y cueza de 8 a 10 minutos,
o hasta que estén ligeramente dorados. Retírelos de la sartén.

Caliente 1 ½ cucharadas de aceite en un wok y saltee las
guindillas a fuego medio durante unos segundos. Deben
oscurecerse pero no chamuscarse ni quemarse. Retírelas
y póngalas sobre papel de cocina. Caliente el resto del
aceite en el wok; añada más si fuese necesario, y saltee
el ajo removiendo durante 1 o 2 minutos, o hasta que esté
ligeramente dorado. Incorpore el pollo y saltéelo durante
4 o 5 minutos. Agregue la zanahoria, el pimiento y la cebolla
y saltee removiendo otros 3 o 4 minutos.

Mezcle los ingredientes de la salsa, viértala por encima y fríalo
otro minuto. Pruebe la condimentación y rectifique. Añada
los anacardos, las guindillas y las cebollas tiernas. Espolvoree
con la pimienta negra molida e incorpore bien.

Reparta en una fuente de servicio caliente y adorne con las
hojas de cilantro.

Para preparar tofu salteado con salsa de guindilla dulce,
sustituya el pollo por 500 g de tofu firme cortado en dados
de 1 cm. Fríalos con un poco de aceite hasta que se doren
ligeramente por cada lado. Sustituya las salsas de pescado y de
ostras, el azúcar y las guindillas rojas por 3-3 ½ cucharadas
de salsa de soja ligera y 2 cucharadas de salsa de guindilla
dulce (*véase* pág. 36). Añada el tofu y la mezcla de salsa tras
freír la zanahoria, el pimiento y la cebolla. Caliente bien.

buey al grill con salsa especiada

1 ración
tiempo de preparación
   2 minutos
tiempo de cocción **6 minutos**
   (en su punto)

300 g de **solomillo de buey**

para la **salsa especiada**
½ **tomate**, picado fino
¼ de **cebolla roja**, picada fina
½-1 cucharadita de **guindilla
   seca molida**
2 ½ cucharadas de **salsa
   de pescado**
2 cucharadas de **salsa de lima
   o puré de tamarindo** (*véase*
   pág. 90)
1 cucharadita de **azúcar de
   palma** o **mascabado claro**
1 cucharadita de **arroz molido**
1 cucharada de **caldo de buey
   o vegetal**

para **decorar**
**hojas de albahaca dulce
   tailandesa**
hojas de cilantro
unas rodajas de **guindilla roja**

Ponga la carne bajo el grill caliente precalentado y cuézala,
dándole una vuelta, de acuerdo con su gusto.

Mientras tanto, mezcle en un cuenco los ingredientes
de la salsa.

Corte la carne en lonchas una vez cocida; póngala en
una fuente de servicio y decore con la albahaca, el cilantro
y las guindillas. Sirva la salsa aparte.

Para preparar buey asado a la guindilla, mezcle lonchas
de buey asadas muy finas con 4 escalonias en rodajas finas,
3 cebollas tiernas en rodajas finas, 2 cucharadas de salsa de
pescado, 5 cucharadas de jugo de lima o limón, ½ cucharadita
de pimienta negra molida, ¼-½ cucharadita de guindilla en
polvo y un puñado de hojas de cilantro frescas. Sirva con hojas
de ensalada variadas.

pollo especiado con tomates

4 raciones

tiempo de preparación
  10 minutos

tiempo de cocción **unos**
  10 minutos

1 ½ cucharadas de **aceite
  de girasol**

3-4 **dientes de ajo**, picados finos

1-2 **guindillas rojas** o **verdes**
  pequeñas, ligeramente
  aplastadas

500 g de **filetes de pollo**
  sin piel, en lonchas finas

1 **cebolla roja**, en rodajas finas

4 cucharadas de **caldo de pollo,
  vegetal** o **agua**

1 cucharada de **salsa
  de pescado**

3 cucharadas de **salsa de ostras**

2 **tomates** medianos cortados
  en cuartos

1 puñado de **hojas de albahaca
  dulce tailandesa**

Caliente el aceite en un wok o una sartén grande. Saltee
el ajo a fuego medio durante 1 o 2 minutos, o hasta que esté
ligeramente dorado. Añada las guindillas, el pollo, la cebolla,
el caldo o el agua, las salsas de pescado y de ostras. Saltee,
sin dejar de remover, durante 4 o 5 minutos, o hasta que la
carne esté cocida.

Agregue los tomates y las hojas de albahaca y fríalos hasta
que la albahaca empiece a ablandarse. Pruebe la condimentación
y rectifique.

Póngalo en una fuente de servicio.

Para preparar pollo especiado con berzas y tomates,
tras dorar ligeramente el ajo, añada las guindillas, 375 g
de pollo y cebolla, y saltee, sin dejar de remover, durante
3 o 4 minutos. Incorpore 300 g de hojas de berza ligeramente
picada (sin los tallos) con el resto de los ingredientes y saltee
durante 4 o 5 minutos, o hasta que las hojas estén tiernas.
Puede añadir un poco más de salsa de pescado, si fuese
necesario.

cerdo con jengibre y castañas de agua

4 raciones
tiempo de preparación
20 minutos
tiempo de cocción
10-15 minutos

1 puñado de **setas chinas**
  negras secas
1 ½-2 cucharadas de **aceite**
  de girasol
2-3 **dientes de ajo**, picados finos
500 g de **solomillo de cerdo**,
  en lonchas finas
1 **cebolla roja**, en rodajas finas
150 g de **castañas de agua**
  de lata, escurridas y en rodajas
un trozo de 2,5 cm **de jengibre**
  fresco, pelado y rallado fino
4 cucharadas de **caldo vegetal**
  o agua
1 cucharada de **salsa**
  de pescado
1 cucharada de **salsa de ostras**
2 **cebollas tiernas**, en trozos
  de 5 cm

para **decorar**
pimienta blanca molida
hojas de cilantro
unas rodajas de **guindilla roja**

Remoje las setas secas en agua hirviendo durante 3 o 4 minutos, o hasta que se ablanden; luego, escúrralas. Retírelas y deseche el pie duro, y píquelas finas.

Caliente el aceite en un wok o una sartén grande. Saltee el ajo, sin dejar de remover, a fuego medio durante 1 o 2 minutos, o hasta que esté ligeramente dorado. Añada el cerdo y la cebolla y fríalos durante 4 o 5 minutos, o hasta que la carne esté cocida.

Añada las castañas de agua, el jengibre, las setas, el caldo o el agua, las salsas de ostras y de pescado y las cebollas tiernas. Saltee otros 2 o 3 minutos. Pruebe la condimentación y rectifique.

Sirva en una fuente caliente, espolvoree con la pimienta molida, el cilantro y las rodajas de guindilla.

Para preparar cerdo especiado con brotes de bambú, caliente el aceite con 2 cucharadas de pasta de curry roja (*véase* pág. 94) hasta que desprenda aroma. Añada el cerdo y saltee, mientras remueve, durante 4 o 5 minutos. Incorpore 150 g de brotes de bambú de lata en rodajas, la misma cantidad de salsa de pescado, 2 cucharadas de salsa de ostras y 1 cucharada de azúcar de palma o coco y rectifique la condimentación al gusto.

pato al curry rojo

3-4 raciones

tiempo de preparación
12-15 minutos

tiempo de cocción **9 minutos**

¼ de **pato** asado

1 cucharada de **aceite de girasol**

1 ½ cucharadas de **pasta de curry roja** (*véase* pág. 94)

150 ml de **leche de coco**

4 cucharadas de **caldo de pollo**

1 cucharada de **azúcar de palma** o moreno blando

1 ½-2 cucharadas de **salsa de pescado**

3 **hojas de lima** *kaffir*, desmenuzadas, o ¼ de cucharadita de **ralladura de lima**

65 g de **guisantes** frescos o congelados

2 **tomates**, en dados pequeños

125 g de **piña** fresca o de lata, en trozos, y un poco más para servir

fideos, para servir

para **decorar**
unas rodajas de **guindilla roja**
tiras de **cebolla tierna**

Retire la piel y la carne del pato, córtelos en trocitos y resérvelos.

Caliente el aceite en un wok; añada la pasta de curry y fría, sin dejar de remover, durante 2 minutos, o hasta que desprenda aroma. Incorpore la leche de coco, el caldo, ½ cucharada de azúcar y 1 ½ cucharadas de salsa de pescado y cueza 2 minutos a fuego lento.

Agregue el pato, las hojas de lima, los guisantes, los tomates y la piña y cueza durante 4 o 5 minutos, removiendo de vez en cuando. Pruebe la condimentación y rectifique; emplee el resto del azúcar y la salsa de pescado, si fuese necesario.

Sirva con los fideos y la piña extra y decore con unas rodajas de guindilla roja y tiras de cebolla tierna.

Para preparar curry rojo con langostinos y espárragos, sustituya el pato asado, los guisantes congelados y la piña por 300 g de langostinos medianos crudos. Prepárelos (*véase* pág. 13), así como 150 g de espárragos cortados en trozos de 5 cm. Añada los espárragos una vez que la pasta de curry desprenda aroma y saltee, sin dejar de remover, de 3 a 4 minutos. Incorpore la leche de coco, el caldo, el azúcar, 1 ½ cucharadas de salsa de pescado, los langostinos y los espárragos. Cueza 3 minutos a fuego lento o hasta que los langostinos estén a su gusto.

pato con salsa de hierba limonera

4-6 raciones
tiempo de preparación **30-40
minutos**, más tiempo
de secado y reposo
tiempo de cocción **2-3 horas**

2 kg de **pato**, con los menudillos
4 tallos de **hierba limonera** de
12 cm, aplastados y en rodajas
finas
4 **cebollas tiernas**, cortadas
por la mitad
3-4 **dientes de ajo**, cortados
por la mitad
15 **escalonias**, cortadas
por la mitad
1 cucharadita de **pimienta
de Jamaica**
4 cucharadas de **salsa de ostras**
1,2 l de **caldo vegetal**
2 **zanahorias**, ligeramente
picadas
un trozo de 2,5 cm de **jengibre
fresco**, en rodajas finas
10 granos de **pimienta negra**,
aplastados
1 ½ cucharadas de **harina**
1 ½ cucharadas de **salsa
de ostras**
1 ½ cucharadas de **salsa
de soja ligera**
1-2 cucharadas de **azúcar
de coco, palma** o moreno

para **decorar**
rodajas de **pepino**
hojas de cilantro

Limpie el pato, pínchelo en toda su superficie con un tenedor
y séquelo a temperatura ambiente 2 horas o toda la noche.

Mezcle la mitad de la hierba limonera y de las cebollas
con el ajo, 6 mitades de escalonia y la pimienta de Jamaica.
Introduzca la mezcla en el pato y frote el exterior con
1 cucharada de salsa de soja. Áselo destapado en el horno,
precalentado a 200 °C, durante 30 minutos. Baje la temperatura
a 180 °C y áselo 2 horas, hasta que la piel esté crujiente.

Mientras tanto, limpie los menudillos y hiérvalos con
el caldo, el resto de la hierba limonera y las cebollas tiernas,
las zanahorias, el resto de las escalonias, el jengibre y la
pimienta negra. Baje el fuego y cueza a fuego lento 1 ½ horas,
retirando la espuma de la superficie de vez en cuando. Filtre
el caldo sobre un recipiente limpio. Retire los menudillos,
deseche las partes sólidas del caldo y déjelo enfriar.

Saque el pato del horno y vierta el líquido de su cavidad en
un cazo pequeño. Déjelo reposar de 15 a 20 minutos. Desgrase
y añada el fondo de cocción del pato al cazo con el caldo.

Mezcle en un cuenco la harina con un poco de caldo.
Deje cocer el resto del caldo a fuego lento y mézclelo
con la salsa de ostras y la de soja y el azúcar. Añada la
preparación de harina anterior y remueva hasta que espese.
Pruebe la condimentación y rectifique.

Retire la carne del pato y colóquela sobre arroz jazmín
tailandés. Vierta la salsa por encima y decore con el cilantro
y el pepino.

curry de buey de Chiang Mai

4 raciones
tiempo de preparación
10 minutos
tiempo de cocción **unos
25 minutos**

1 ½ cucharadas de **aceite
de girasol**
2-3 cucharadas de **pasta
de curry rojo** (*véase* pág. 94)
1 cucharadita de **cúrcuma
en polvo**
¼ de cucharadita de **pimienta
de Jamaica** molida
500 g de **buey**, en lonchas finas
400 ml de **leche de coco**
de lata
250 ml de **caldo de buey**
o **vegetal**
2 ½-3 cucharadas de **salsa
de pescado**
50-65 g de **azúcar de
coco, palma** o **moreno,**
o 4-5 cucharadas de **miel
clara**
4-5 cucharadas de **puré de
tamarindo** (*véase* pág. 90)
o 3-3 ½ cucharadas de **jugo
de lima**

para **decorar**
½ **pimiento rojo**, en tiras finas
2 **cebollas tiernas**, en tiras

Caliente el aceite en una cacerola y saltee la pasta de curry, la cúrcuma y la pimienta de Jamaica a fuego medio durante 3 o 4 minutos, o hasta que desprenda aroma.

Añada el buey y saltéelo, sin dejar de remover, durante 4 o 5 minutos. Incorpore la leche de coco, el caldo, la salsa de pescado, el azúcar o la miel, el puré de tamarindo o la lima. Cueza a fuego lento de 10 a 15 minutos, o hasta que el buey esté blando y tierno. Pruebe la condimentación y rectifique. Si ha reducido la salsa demasiado, añada un poco de agua o caldo.

Reparta en los cuencos de servicio, adorne con tiras de pimiento rojo y cebolla tierna y sirva con arroz.

Para preparar curry de cerdo de Chiang Mai, sustituya el buey por 750 g de panceta de cerdo cortada en trozos de 2,5 cm. Añada a la cacerola una vez que la pasta de curry desprenda aroma y cueza durante 4 o 5 minutos. Agregue la leche de coco, 500 ml de caldo vegetal, 20 escalonias pequeñas enteras, 50 g de cacahuetes picados, un trozo de 2,5 cm de jengibre fresco picado, la salsa de pescado, el azúcar y el puré de tamarindo y deje cocer a fuego lento de 45 minutos a 1 hora, o hasta que el cerdo esté tierno. Prepárelo con un día de antelación para que pueda retirar la grasa que haya subido a la superficie y recaliente al día siguiente. Reparta en cuencos de servicio y decore con unas rodajas de guindilla roja.

curry de pato y lichis

4 raciones

tiempo de preparación
15 minutos

tiempo de cocción **15 minutos**

1 ½ cucharadas de **aceite de girasol**

2-3 cucharadas de **pasta de curry rojo** (*véase* pág. 94)

500 g de **pato asado**, deshuesado y picado (½ pato)

400 ml de **leche de coco**

50 ml de **caldo vegetal o agua**

2 ½ cucharadas de **salsa de pescado**

15-25 g de **azúcar de coco, palma o moreno**, o 2 cucharadas de **miel clara**

425 g de **lichis en lata al natural**, escurridos

4 **tomates cereza**, con el pedúnculo si es posible

2-3 **hojas de lima** *kaffir*, partidas por la mitad

Caliente el aceite en un wok o en una cacerola y saltee la pasta de curry a fuego medio durante 3 o 4 minutos, o hasta que desprenda aroma.

Añada el pato asado y saltee durante 3 o 4 minutos. Incorpore la leche de coco, el caldo o el agua, la salsa de pescado, el azúcar o la miel y deje cocer a fuego medio durante 3 o 4 minutos, o hasta que el azúcar se haya disuelto. Agregue los lichis, los tomates y las hojas de lima durante los últimos segundos, procurando que los tomates mantengan su forma. Pruebe la condimentación y rectifique.

Reparta en 4 platos y acompañe con arroz cocido y hortalizas al vapor, o bien sirva sobre fideos cocidos.

Para preparar curry de albóndigas de pollo y lichis, sustituya el pato por 500 g de pollo picado y un puñado de setas negras secas. Remoje las setas en agua hirviendo 5 minutos, escúrralas, retire el pie duro y píquelas finas. Mezcle el pollo y las setas con 4 dientes de ajo, 4 raíces de cilantro con sus tallos, 20 hojas de cilantro picadas finas y ½ cucharadita de sal marina. Cuando la pasta de curry desprenda aroma, añada la leche de coco, el caldo, la salsa de pescado y el azúcar. Deje caer cucharadas de la preparación de pollo en la salsa hasta que la haya utilizado por completo. Cueza a fuego lento durante 2 o 3 minutos y prosiga la cocción como se indica en la receta.

curry *massaman*

4 raciones

tiempo de preparación
20 minutos

tiempo de cocción
25-35 minutos

1 ½ cucharadas de **aceite
vegetal**

2 **escalonias**, picadas finas

2 cucharadas de **pasta de curry
*massaman***

25-50 g de **cacahuetes
tostados sin salar**

500 g de **pollo** o **buey**, en dados

400 ml de **leche de coco**
en lata

150 ml de **caldo de pollo**
o **vegetal**

2-2 ½ cucharadas de **salsa
de pescado**

40-50 g de **azúcar de palma,
de coco** o **moreno**

140 g de **patatas**, en dados

1 **cebolla**, por la mitad a lo largo

2 ½-3 cucharadas de **puré
de tamarindo** (*véase* pág. 90)

2 **hojas de lima** *kaffir*, en tiras

guindillas rojas, picadas, para
decorar

Caliente el aceite en una cacerola y dore ligeramente las escalonias durante 2 o 3 minutos. Incorpore la pasta de curry y los cacahuetes y saltee, sin dejar de remover, durante 3 o 4 minutos, o hasta que la mezcla desprenda aroma.

Añada el pollo o el buey y saltee, mientras remueve, durante 4 o 5 minutos. Vierta la leche de coco, el caldo, 2 cucharadas de salsa de pescado y 40 g de azúcar. Cueza de 10 a 15 minutos a fuego lento, o hasta que la carne empiece a estar tierna.

Incorore la patata, la cebolla, y 2 ½ cucharadas de puré de tamarindo y prosiga la cocción otros 5 o 6 minutos, o hasta que las patatas estén tiernas. Rectifique la condimentación, utilizando el resto de la salsa de pescado, el azúcar y el puré de tamarindo si fuese necesario.

Reparta en los platos de servicio y decore con las tiras de hoja de lima y la guindilla.

Para preparar pasta de curry *massaman* casera, retire el tallo y las semillas de 3 o 4 guindillas rojas secas, píquelas ligeramente y remójelas en agua caliente 3 o 4 minutos; luego, escúrralas. Si son frescas, no las remoje. Maje o bata las guindillas con un trozo de hierba limonera de 12 cm cortada en rodajas, otro de 2,5 cm de galanga fresca pelada en rodajas finas, 4 dientes de ajo picados, 3 escalonias picadas, 3-4 raíces y tallos de cilantro, 3 hojas de lima picadas finas, 1 cucharadita de pasta de gambas y 2 cucharaditas de cinco especias en polvo. Procese hasta que la mezcla forme una pasta. Utilice esta cantidad para preparar un curry para 4 personas.

hortalizas crudas con su mojo

4 raciones

tiempo de preparación
15 minutos

tiempo de cocción **10 minutos**

unos 500 g de **hortalizas crudas variadas**

2-3 cucharadas de **salsa de judías amarilla**

200 g de **cerdo picado**

250 g de **langostinos picados**

2 **escalonias**, picadas finas

150 ml de **leche de coco**

2-2 ½ cucharadas de **puré de tamarindo** (*véase* pág. 90)

½-1 cucharada de **salsa de pescado**

15-25 g de **azúcar de coco, de palma** o **moreno**, o 1-2 cucharadas de **miel clara**

1 **guindilla roja** grande, en rodajas, para decorar

Corte las hortalizas en trozos pequeños.

Aplaste la salsa de judías con un tenedor hasta que adquiera una textura rugosa. Mézclela con el cerdo, los langostinos y las escalonias.

Caliente la leche de coco a fuego medio-bajo durante 3 o 4 minutos. Añada la preparación de judías amarillas y remueva hasta que estén incorporadas a la leche de coco. Agregue el puré de tamarindo, la salsa de pescado y el azúcar y remueva unos minutos más; luego, rectifique la condimentación. Debe presentar tres sabores: dulce, agrio y ligeramente salado (de la salsa de judías amarillas).

Reparta en cuencos para mojar, esparza por encima la guindilla y sirva caliente con las hortalizas crujientes.

Para preparar mojo para cerdo y tofu, sustituya los langostinos por 250 g de tofu firme en dados. Mezcle la pasta de judías amarillas con el cerdo picado, el tofu y las escalonias y cueza como se indica en la receta. Sirva con las hortalizas crudas como acompañamiento para una comida.

platos de pescado

pescado crujiente con judías verdes

4 raciones
tiempo de preparación
10 minutos, más tiempo
de secado y de reposo
tiempo de cocción **40 minutos**

625 g de **caballa**, sin tripas,
limpia y seca
aceite de girasol, para freír
1 ½-2 cucharadas de **pasta
de curry rojo** (*véase* pág. 94)
15 g de picadillo de **proteínas
de soja**
175 g de **judías verdes**,
en trozos de 2,5 cm
1 cucharada de **salsa
de pescado**
15 g de **azúcar de coco,
de palma** o **moreno**, o 1
cucharada de **miel clara**
1 cucharada de **gambas secas
molidas**

para **decorar**
5 **hojas de lima** *kaffir*,
en tiras finas
unas rodajas de **guindilla roja**

Ase a la barbacoa o bajo el grill el pescado a fuego medio
de 6 a 8 minutos por lado, o hasta que esté cocido. Déjelo
enfriar por completo. Retire las cabezas y el resto de las espinas.
Utilice un tenedor para sacar la carne a trocitos muy pequeños
y póngala en una fuente. Deje secar a temperatura ambiente
durante 2 o 3 horas, o más rápidamente en el horno
a temperatura baja.

Caliente 7 cm de aceite en un wok a fuego medio. Estará
listo cuando, al dejar caer un trocito de pescado, chisporrotee
enseguida. Fría el pescado en 3 o 4 tandas, cociéndolas
3 minutos, o hasta que esté crujiente. Utilice dos cucharas
para dar la vuelta al pescado y cuézalo durante 1 o 2 minutos
más. Escúrralo sobre papel de cocina.

Remoje la proteína de soja en agua caliente durante
6 o 7 minutos. Escúrrala bien.

Caliente 1 ½ cucharadas de aceite en un wok. Saltee
la pasta de curry a fuego medio durante 3 o 4 minutos, hasta
que desprenda aroma. Añada el picadillo de proteína, las judías,
la salsa de pescado, el azúcar o la miel y las gambas secas.
Saltee, sin dejar de remover, durante 3 o 4 minutos. Pruebe
y rectifique la condimentación.

Reparta el pescado crujiente en 4 platos y acompañe con
las judías a la guindilla. Decore con las hojas de lima y rodajas
de guindilla.

Para preparar pescado crujiente con hortalizas, utilice
175 g de mazorcas de maíz mini, calabacines y tirabeques
en vez de judías verdes. Corte las mazorcas a lo largo,
los calabacines en tiras de unos 2,5 cm y los tirabeques
en diagonal. Saltee como se indica en la receta.

langostinos con semillas de sésamo negras

4 raciones (con otros 2 platos principales)
tiempo de preparación
10 minutos
tiempo de cocción **unos**
10 minutos

250 g de **langostinos crudos**
½ cucharada de **semillas de sésamo negras**
1 ½ cucharadas de **aceite de girasol**
2-3 **dientes de ajo**, picados finos
200 g de **castañas de agua**, escurridas y en rodajas finas
125 g de **tirabeques**, los extremos recortados
2 cucharadas de **caldo vegetal**, de **pescado** o **agua**
1 cucharada de **salsa de soja ligera**
1 cucharada de **salsa de ostras**

Prepare los langostinos (*véase* pág. 13).

Fría en seco las semillas de sésamo negras en una sartén pequeña durante 1 o 2 minutos, hasta que desprendan aroma. Resérvelas.

Caliente el aceite en un wok o una sartén grande y saltee el ajo a fuego medio hasta que esté ligeramente dorado.

Añada los langostinos, las castañas de agua y los tirabeques y saltee, removiendo a fuego vivo, durante 1 o 2 minutos. Incorpore el caldo, las salsas de soja y ostras, y saltee 2 o 3 minutos, o hasta que los langostinos se abran y estén rosados. Mézclelos con las semillas de sésamo y sirva inmediatamente.

Para preparar caldo de pescado casero, ponga 1,8 litros de agua fría, 1 cebolla ligeramente picada, 1 zanahoria picada gruesa, 3 dientes de ajo sin pelar, ligeramente aplastados, tallos de hierba limonera de 20 cm (aplastados, no en rodajas), un trozo de 2,5 cm de jengibre fresco pelado y en rodajas finas, 3 plantas enteras de cilantro (lavadas, con las raíces ligeramente aplastadas), 30 bayas del Goji secas (opcional), 5 granos de pimienta negra aplastados y 250 g de cabezas de pescado, colas y espinas (limpios) o espinas de pescado y cáscaras de gambas en una cacerola amplia. Caliente a fuego medio hasta que alcance el punto de ebullición. Baje a fuego lento y cueza 10 minutos más. Mientras tanto, retire las impurezas que vayan subiendo a la superficie. Añada las cabezas, las colas y las espinas de pescado y cueza a fuego lento de 10 a 15 minutos. Filtre el caldo sobre un recipiente limpio.

huevos de codorniz en nidos de judías verdes

4 raciones
tiempo de preparación
15-20 minutos
tiempo de cocción
unos 25 minutos

175 g de **langostinos** crudos
medianos
12 **huevos de codorniz**
aceite de girasol, para freír
1 ½-2 cucharadas de **pasta
de curry rojo** (*véase* pág. 94)
175 g de **judías verdes**, en
trozos de 2,5 cm en diagonal
1 cucharada de **salsa
de pescado**
15 g de **azúcar de coco,
de palma** o **moreno,**
o 1 cucharada de **miel clara**
2-3 **hojas de lima** *kaffir*,
en tiras finas, para decorar

Prepare los langostinos (*véase* pág. 13).

Deje caer los huevos en un cazo con agua y lleve a ebullición, baje el fuego y cueza 5 minutos a fuego lento. Escurra, casque los huevos ligeramente y déjelos enfriar en agua fría. Pélelos.

Caliente 5 cm de aceite en un wok a fuego medio. El aceite no debe estar demasiado caliente. Estará listo cuando, al sumergir un trozo pequeño de judía, chisporrotee enseguida. Añada los huevos con cuidado y fríalos de 6 a 8 minutos, o hasta que estén dorados. Déjelos escurrir en papel de cocina. Fría los langostinos durante 1 o 2 minutos. Retírelos y escúrralos.

Deseche gran parte del aceite, pero deje 1 ½ cucharadas en el wok y saltee la pasta de curry a fuego medio durante 3 o 4 minutos o hasta que desprenda aroma. Añada las judías, la salsa de pescado, el azúcar o la miel y fría, sin dejar de remover, durante 3 o 4 minutos. Agregue los langostinos, pruebe la condimentación y rectifique.

Reparta las judías y los langostinos en 4 platos de servicio calientes, disponga encima los huevos y adorne con las tiras de lima.

Para preparar huevos de codorniz con hortalizas, sustituya las judías verdes por 175 g de calabacines, espárragos y mazorcas de maíz mini. Deberá cortar los calabacines en tiritas y los espárragos en trozos de 2,5 cm, pero puede dejar las mazorcas enteras. Cueza como se indica en la receta.

langostinos con flores de cebollino

4 raciones
tiempo de preparación
unos 10 minutos
tiempo de cocción
unos 5 minutos

1-1 ½ cucharadas de **aceite
de girasol**
2-3 **dientes de ajo**, picados finos
375 g de **tallos de cebollinos
floridos**, en trozos de 7 cm
(retire los extremos duros
de los tallos)
1 cucharada de **salsa
de soja ligera**
2 cucharadas de **salsa
de ostras**
250 g de **langostinos**
pequeños crudos, pelados
y ligeramente picados
unas rodajas de **guindilla roja**,
para decorar

Caliente el aceite en una sartén o un wok; añada el ajo
y saltéelo a fuego medio hasta que esté ligeramente dorado.
Incorpore los cebollinos, la salsa de soja y la de ostras y saltee
durante 2 o 3 minutos.

Añada los langostinos al wok y saltéelos, sin dejar de remover,
durante 3 minutos, o hasta que estén cocidos. Transfiéralos
a una fuente de servicio y decore con las rodajas de guindilla.

Sirva inmediatamente con arroz jazmín o fideos hervidos.

Para preparar arroz jazmín, como acompañamiento, ponga
500 g de arroz jazmín en un cuenco con un poco de agua
limpia. Deje escurrir el agua a través de los dedos 4 o 5 veces
y escurra. Lave y escurra una vez más. Ponga el arroz en una
cacerola antiadherente y añada 900 ml de agua o caldo
vegetal. Lleve a ebullición a fuego vivo y remueva el arroz
con frecuencia hasta que hierva. Baje el fuego al mínimo,
tape y deje una pequeña abertura entre la tapa y la cacerola.
Cueza a fuego lento de 10 a 15 minutos, o hasta que el líquido
haya sido absorbido. Retire del fuego y deje reposar otros
10 o 15 minutos. Destape la cacerola y remueva el arroz
con cuidado para ahuecarlo y separar los granos. Sirva.

pescado al vapor con ciruelas en conserva

4 raciones
tiempo de preparación
30 minutos
tiempo de cocción
20 minutos

1 kg de **pescado** entero
(como pámpano, lubina,
solla), sin tripas ni escamas
(si fuese necesario) y marcado
en 3-4 lugares con un cuchillo
afilado

un trozo de 3,5 cm **de jengibre
fresco**, pelado y en tiras finas

50 g de **champiñones**
pequeños, secados
y en rodajas finas

50 g de **beicon ahumado**,
en tiras

4 **cebollas tiernas**, en trozos
de 2,5 cm

2 **ciruelas pequeñas
en conserva**, ligeramente
aplastadas

2 cucharadas de **salsa
de soja ligera**

una pizca de **pimienta blanca
molida**

para **decorar**
hojas de cilantro
unas rodajas de **guindilla roja**

Coloque el pescado en una fuente honda un poco más grande que éste. Utilice una fuente que encaje sobre la rejilla de una vaporera de bambú tradicional o una vaporera que pueda poner dentro de un wok. Esparza sobre el pescado el jengibre, las setas, el beicon, las cebollas tiernas, las ciruelas en conserva, la salsa de soja y la pimienta.

Llene un wok o una vaporera con agua; tape y lleve a ebullición a fuego vivo. Disponga la rejilla o cestillo sobre el agua hirviendo. Tape y deje cocer al vapor de 15 a 20 minutos, dependiendo de la variedad y tamaño del pescado, o hasta que pueda insertar una broqueta con facilidad en su carne.

Retire el pescado de la vaporera y colóquelo en una fuente de servicio caliente. Decore con las hojas de cilantro y las rodajas de guindilla y acompañe con arroz jazmín (*véase* pág. 126).

Para preparar pescado al vapor con jengibre y cebollas tiernas, prescinda de las setas, el beicon y las ciruelas. Añada 1 cucharada de aceite de girasol y la misma cantidad de aceite de sésamo y aumente la salsa de soja a 2-3 cucharadas. Reparta sobre el pescado con el jengibre y las cebollas tiernas y cueza como se indica en la receta.

cangrejos cuarteados con guindillas

4 raciones
tiempo de preparación
15 minutos
tiempo de cocción **15 minutos**

500 g de **cangrejos** o **bueyes
de mar**, frescos o congelados
1 ½-2 cucharadas de **aceite
de girasol**
2-3 cucharadas de **pasta de curry
amarillo** (*véase* pág. 88)
1 **cebolla roja**, en rodajas finas
175 ml de **leche de coco**
1 **huevo** grande, ligeramente
batido
1 ½-2 cucharadas de **salsa
de pescado**
2 **cebollas tiernas**, en trozos
de 2,5 cm

Prepare los cangrejos (*véase* pág. 12).

Caliente el aceite en un wok o una sartén grande y saltee la
pasta de curry a fuego medio durante 3 o 4 minutos, o hasta
que desprenda aroma.

Añada el cangrejo y la cebolla y saltee durante 7 u 8 minutos
o hasta que el cangrejo esté cocido. Incorpore la leche de coco,
el huevo, la salsa de pescado y las cebollas tiernas y prosiga la
cocción, sin dejar de remover, durante 2 o 3 minutos. Pruebe
la condimentación y rectifique.

Vierta en una fuente de servicio caliente.

Para preparar curry de cangrejos cuarteados, prescinda
de la pasta de curry amarillo y la salsa de pescado. Saltee
3-4 dientes de ajo picados finos y 2 cucharaditas de curry
en polvo y la cebolla, hasta que el ajo esté ligeramente dorado.
Incorpore el cangrejo y saltee, mientras remueve, durante
4 o 5 minutos. Agregue la leche de coco, 1 cucharada de salsa
de soja ligera, ½ cucharada de salsa de ostras y el huevo
y cueza de 5 a 7 minutos, o hasta que la carne esté bien
cocida y la salsa se haya reducido a la mitad. Incorpore
las cebollas tiernas y termine como se indica en la receta.

pescado horneado con hierba limonera

4 raciones
tiempo de preparación
   10 minutos
tiempo de cocción
   20-25 minutos

1 kg de **pescado entero**
   (caballa, pez de san Pedro,
   besugo, o pardete), sin tripas,
   limpio y sin escamas (si fuese
   necesario), piel marcada
   3-4 veces con un cuchillo
   afilado.
4 tallos de **hierba limonera**
   de 12 cm cortados en diagonal
2 **zanahorias**, en tiras
4 cucharadas de **salsa de soja**
   ligera
2 cucharadas de **jugo de lima**
1 **guindilla roja**, picada fina

para **decorar**
hojas de cilantro
unas rodajas de **guindilla roja**
unas rodajas de **limón**, para
   acompañar

Coloque el pescado en una fuente para hornear y esparza por encima la hierba limonera, las zanahorias, 1 ½ cucharadas de salsa de soja ligera y jugo de lima.

Cubra la fuente con papel de aluminio y hornee en el horno, precalentado a 180 °C, de 20 a 25 minutos, o hasta que pueda insertar una broqueta fácilmente y salga limpia. Coloque cada pescado en una fuente de servicio caliente y reparta la salsa por encima. Decore con hojas de cilantro y guindilla y acompañe con las rodajas de limón.

Ponga el resto de la salsa de soja en un cuenco pequeño con la guindilla y sirva aparte.

Sirva con otros platos, con arroz hervido como plato ligero acompañado con hortalizas salteadas o al vapor.

Para preparar filetes de abadejo con hierba limonera, sustituya el pescado entero por 4 filetes de 250 g de abadejo o bacalao y retíreles las espinas. Reparta los condimentos como se indica en la receta y hornee de 15 a 17 minutos, hasta que el pescado esté cocido. Decore con guindilla roja picada fina y sirva como se ha indicado.

almejas al jengibre

4 raciones (con otros 3 platos
   principales)
tiempo de preparación
   10 minutos
tiempo de cocción **8-10 minutos**

1 kg de **almejas** (en sus conchas)
2 cucharadas de **aceite de
   girasol**
4-5 **dientes de ajo**, majados
4 cucharadas de **caldo de
   verduras**, de **caldo de pescado**
   o de **agua**
50 g de **raíz de jengibre** sin piel,
   en rodajas finas
1 cucharada de **salsa de ostras**
1-1 ½ cucharadas de **salsa
   de soja ligera**
2 **cebollas tiernas**, en rodajas
   finas
hojas de cilantro, para decorar

Prepare las almejas frotándolas bien con un cepillo de cerdas
duras bajo el grifo. Deseche las que estén abiertas o rotas.

Caliente el aceite en un wok o una sartén grande y saltee
el ajo a fuego medio hasta que esté ligeramente dorado.

Añada las almejas y cuézalas a fuego medio durante
4 o 5 minutos. Incorpore el caldo o el agua, el jengibre, las salsas
de ostras y soja y las cebollas tiernas y saltee, sin dejar de
remover, otros 2 o 3 minutos, o hasta que las almejas se hayan
abierto. Deseche las que estén cerradas.

Póngalas en una fuente de servicio, decore con el cilantro
y sirva inmediatamente.

Para preparar almejas especiadas con albahaca tailandesa,
añada al wok 1 cebolla mediana en rodajas finas y 2-3 guindillas
ojo de pájaro ligeramente aplastadas, una vez que el ajo se haya
dorado. Saltee 2 minutos, mezcle con las almejas y prosiga
la cocción como se indica en la receta. Al finalizar la cocción,
añada un puñado de hojas de albahaca tailandesa (o cilantro)
y mezcle antes de servir.

curry de pescado *panaeng*

4 raciones
tiempo de preparación
  10 minutos
tiempo de cocción
  unos 15 minutos

1 ½ cucharadas de **aceite
  de girasol**
2-3 cucharadas de **pasta de
  curry seca** (*véase* pág. 194)
300 ml de **leche de coco**
1 ½ cucharadas de **salsa
  de pescado**
25 g de **azúcar de coco,
  de palma** o **moreno**,
  o 2 cucharadas
  de **miel clara**
4 **filetes de pescado** de 250 g
  cada uno (bacalao, abadejo,
  lubina), sin las espinas
3 cucharadas de **puré de
  tamarindo** (*véase* pág. 90)
  o 2 ½ cucharadas de **jugo
  de lima**

para **decorar**
4 **hojas de lima** *kaffir*,
  en tiras finas
unas rodajas de **guindilla roja**

Caliente el aceite en un wok o una cacerola. Saltee la
pasta de curry durante 3 o 4 minutos a fuego medio,
o hasta que desprenda aroma.

Añada la leche de coco, la salsa de pescado y el azúcar
o la miel y cueza a fuego lento durante 2 o 3 minutos, o hasta
que el azúcar se haya disuelto.

Incorpore los filetes de pescado y el puré de tamarindo
o el jugo de lima. Vierta la salsa por encima y cueza durante
4 o 5 minutos o hasta que el pescado esté cocido, removiendo
ocasionalmente. La salsa debe quedar ligeramente suave,
con un sabor agridulce, no demasiado picante. Pruebe
la condimentación y rectifique.

Sirva en 4 platos de servicio calientes y decore con las hojas
de lima y las rodajas de guindilla.

Para preparar curry *panaeng* con albóndigas de pescado,
mezcle 500 g de filete de pescado picado con 2 cucharadas
de harina. Forme albóndigas con la pasta, o discos de unos
2,5 cm, con las manos mojadas. Sumerja las albóndigas
en la leche de coco una vez que el azúcar se haya disuelto
y cueza a fuego medio de 7 a 8 minutos, o hasta que estén
bien cocidas. Prosiga como se indica en la receta.

pescado frito con salsa a los tres sabores

4 raciones
tiempo de preparación
15 minutos
tiempo de cocción **50 minutos**

7-8 **guindillas rojas**, de unos
12 cm de longitud, sin semillas
y picadas
6 **dientes de ajo**, ligeramente
picados
8 **escalonias**, ligeramente
picadas
5 **raíces** y **tallos de jengibre**,
ligeramente picados
aceite de girasol, para freír
150 g de **azúcar de
coco, de palma** o **moreno**,
o 10 cucharadas de **miel clara**
3 ½-4 cucharadas de **salsa
de pescado**
5-6 cucharadas de **puré de
tamarindo** (*véase* pág. 90)
o 5-6 cucharadas de **jugo
de lima**
1 kg de **pescado entero**
(como pez de san Pedro,
dorada, lubina, pardete),
eviscerado, limpio y sin escamas
(si fuese necesario), la piel
marcada con un cuchillo afilado
6 cucharadas de **harina**

para **decorar**
hojas de cilantro
unas rodajas de **guindilla roja**

Utilice un mortero o una picadora pequeña para majar las
guindillas frescas, el ajo, las escalonias y las raíces de cilantro
hasta obtener una pasta gruesa.

Caliente 1 ½ cucharadas de aceite en un wok o una sartén
grande y saltee la pasta de guindilla a fuego medio durante
3 o 4 minutos hasta que desprenda aroma. Añada el azúcar
o la miel, la salsa de pescado, el puré de tamarindo o el jugo
de lima y cueza durante 3 o 4 minutos a fuego lento, o hasta
que el azúcar se haya disuelto. Pruebe la condimentación
y rectifique. Retire del fuego.

Enharine el pescado.

Caliente 10 cm de aceite en un wok grande a fuego medio.
El aceite estará listo cuando, al sumergir un trozo de ajo,
chisporrotee enseguida. Fría el pescado por un lado de
10 a 12 minutos, o hasta que esté ligeramente dorado.
Escúrralo sobre papel de cocina y manténgalo caliente.
Fría el resto del pescado. Póngalo en una fuente de servicio.

Vierta la salsa de guindilla caliente sobre el pescado y decore
con las hojas de cilantro y las rodajas de guindilla.

Para preparar tofu frito con salsa a los 3 sabores, sustituya
el pescado por 500 g de tofu cortado en dados de 1 cm, y fríalo
hasta que esté ligeramente dorado, pero con el interior todavía
blando. Sustituya la salsa de pescado por 3 ½-4 cucharadas
de salsa de soja ligera.

salmón con jengibre y setas blancas

4 raciones

tiempo de preparación
10 minutos

tiempo de cocción
15-17 minutos

un puñado de **setas blancas secas**

4 **filetes de salmón** de 250 g

2 **zanahorias**, en tiras finas

un trozo de 5 cm **de jengibre fresco**, pelado y picado fino

20 **bayas del Goji secas** (opcional)

¼ de cucharadita de **pimienta negra molida**

3 cucharadas de **salsa de soja ligera**

4 **plantas de cilantro** enteras

4 puñados de **berros**, lavados, sacudidos para secarlos, para acompañar

Remoje las setas en agua hirviendo durante 3 o 4 minutos, o hasta que se ablanden; luego, escúrralas. Retire y deseche los tallos duros y píquelas ligeramente.

Coloque los filetes de salmón en una fuente para hornear y esparza por encima las zanahorias, el jengibre, las bayas del Goji (si las usa), la pimienta, 1 cucharada de salsa de soja y las setas. Divida cada planta de cilantro por la mitad y colóquelas sobre cada filete. Cubra con papel de aluminio y hornee en el horno, precalentado a 180 °C, de 15 a 17 minutos, o hasta que, al insertar una broqueta, ésta se deslice con facilidad en la carne y salga limpia.

Retire el cilantro. Coloque un filete de pescado con un poco de salsa sobre un plato de servicio. Añada un puñado de berros al lado. Acompañe con el resto de la salsa de soja en una salsera. También puede colocar el pescado sobre arroz hervido, fideos cocidos, o acompañarlo con un plato de hortalizas salteadas.

Para preparar abadejo con jengibre y hierba limonera, prescinda de las setas secas. Utilice 4 filetes de abadejo de 250 g cada uno con 4 tallos de hierba limonera de unos 12 cm de longitud, aplastados con un rodillo y cortados en diagonal. Añada 2 cucharadas de jugo de lima y hornee como se indica en la receta.

tortilla de langostinos tailandesa

4 raciones
tiempo de preparación
10 minutos
tiempo de cocción **8-10 minutos**

3 **dientes de ajo**, ligeramente
    picados
2 **raíces** y **tallos de cilantro**,
    ligeramente picados
2 **escalonias**, ligeramente
    picadas
4 **hojas de lima** *kaffir*,
    picadas finas
4 **huevos** grandes
¼ de cucharadita de **pimienta
    negra molida**
5 cucharadas de **caldo vegetal
    o agua**
1 cucharada de **salsa de soja
    ligera**
125 g de **langostinos picados**
2 cucharadas de **aceite
    de girasol**

Utilice el mortero o una batidora picadora para majar o picar
el ajo, las raíces de cilantro y los tallos, las escalonias y las hojas
de lima hasta que se forme una pasta.

Bata los huevos, la pimienta, el caldo o el agua, la salsa de soja
y los langostinos picados.

Caliente 1 ½ cucharadas de aceite en un wok o una sartén
grande y saltee la pasta de ajo a fuego medio durante
2 o 3 minutos, hasta que desprenda aroma. Vierta la mezcla
de huevo y deje cocer durante 3 o 4 minutos. Deslice una
espátula bajo la tortilla jugosa y levántela en varios sitios
alrededor de la sartén para que el huevo líquido caiga sobre
la superficie caliente y se cueza por debajo (añada más aceite,
si fuese necesario). Dele la vuelta y cuézala por el otro lado.

Coloque la tortilla en una fuente de servicio caliente.
Acompáñela con hortalizas salteadas, curry o arroz hervido.

**Para preparar tortitas de huevo con pimiento rojo
y jengibre**, prescinda de las hojas de lima y cilantro. Bata
los huevos, las escalonias, la pimienta, el caldo, ½ cucharada
de salsa de soja ligera y los langostinos picados. Prepare
la tortilla como se indica en la receta. Caliente otra cucharada
de aceite, ½ cucharada de aceite de sésamo y dore el ajo
ligeramente. Añada 1 pimiento rojo en rodajas, 75 g de
castañas de agua escurridas y en rodajas, 1 cm de jengibre
fresco pelado y picado, y 1 cucharada de salsa de soja ligera.
Saltee, mientras remueve, durante 3 o 4 minutos. Ponga
los trozos de tortilla en la sartén con un puñado de hojas
de espinaca mini. Mezcle hasta que la tortilla esté caliente
y las espinacas empiecen a ablandarse. Esparza 1 cucharada
de semillas de sésamo tostadas antes de servir.

marisco con guindillas

4 raciones
tiempo de preparación
5 minutos
tiempo de cocción unos
10 minutos

1 ½ cucharadas de **aceite
de girasol**
3-4 **dientes de ajo**, picados finos
125 g de **pimiento rojo**, sin
semillas y en trozos pequeños
1 **cebolla** pequeña, en ocho
trozos
1 **zanahoria**, en tiras finas
450 g de **marisco variado
preparado**, como langostinos,
calamar, vieiras, etc.
un trozo de 2,5 cm de **jengibre
fresco**, pelado y rallado fino
2 cucharadas de **caldo vegetal
o de marisco**
1 cucharada de **salsa de ostras**
½ cucharada de **salsa de soja
ligera**
1 **guindilla roja** larga, sin
pedúnculo ni semillas, cortada
en diagonal
1-2 **cebollas tiernas**, en rodajas
finas

Caliente el aceite en una sartén o un wok antiadherente y saltee el ajo a fuego medio hasta que esté ligeramente dorado.

Añada el pimiento rojo, la zanahoria y la cebolla y saltee durante 2 minutos.

Incorpore el marisco con el jengibre, el caldo, las salsas de ostras y soja, y saltee durante 2 o 3 minutos, o hasta que los langostinos estén rosados y todo el marisco cocido.

Agregue la guindilla y las cebollas tiernas y mezcle bien. Reparta en una fuente de servicio y sirva inmediatamente.

Para preparar ensalada de marisco y guindilla dulce a la piña, saltee el pimiento rojo, la cebolla y la zanahoria una vez que el ajo esté dorado. Incorpore el marisco, el jengibre, el caldo, la salsa de ostras y 2-3 cucharadas de salsa de guindilla dulce aromatizada a la piña (o normal, si no encuentra la aromatizada). Prescinda de la cebolla tierna y añada un puñado de hojas de albahaca tailandesa con la guindilla; mezcle ligeramente antes de servir.

curry verde de pescado

4 raciones
tiempo de preparación
15 minutos
tiempo de cocción
10-15 minutos

1 ½ cucharadas de **aceite
de girasol**
2-3 cucharadas de **pasta
de curry verde** (*véase*
pág. 200)
400 ml de **leche de coco** de lata
50 ml de **caldo vegetal** o agua
2 ½ cucharadas de **salsa
de pescado**
25 g de **azúcar de coco,
de palma** o **moreno,**
o 2 cucharadas de **miel clara**
500 g de **filetes de pescado**
(como bacalao o abadejo),
sin espinas, cortados en trozos
de 3,5 cm
125 g de **castañas de agua,**
en rodajas
4 **tomates cereza,** con el
pedúnculo, si es posible
2-3 **hojas de lima** *kaffir,* partidas
por la mitad

para **decorar**
**hojas de albahaca dulce
tailandesa**
unas **rodajas de guindilla roja**

Caliente el aceite en un wok o una cacerola y saltee la pasta de curry verde a fuego medio durante 3 o 4 minutos, o hasta que desprenda aroma.

Añada la leche de coco, el caldo o el agua, la salsa de pescado y el azúcar o la miel. Cueza a fuego lento durante 3 o 4 minutos, o hasta que el azúcar se haya disuelto. Añada el pescado y las castañas de agua y cocine durante 4 o 5 minutos más. Remueva suavemente varias veces. Pruebe la condimentación y rectifique.

Incorpore los tomates y las hojas de lima en los últimos segundos, teniendo cuidado de que los tomates no pierdan su forma.

Reparta en 4 platos de servicio y decore con las hojas de albahaca y las rodajas de guindilla.

Para preparar curry verde con hortalizas, sustituya el pescado por 300 g de calabaza, boniato y calabacín, pelados, en dados y cocidos. Utilice 2 ½ cucharadas de salsa de soja ligera (en vez de la de pescado) y el caldo vegetal. Añada 250 g de calabacines en rodajas, mazorcas de maíz mini y judías verdes una vez que el azúcar se haya disuelto y cueza durante 3 o 4 minutos. Incorpore las hortalizas cocidas, caliente y prosiga como se indica en la receta.

pimientos rellenos de marisco al curry

4 raciones
tiempo de preparación
30 minutos
tiempo de cocción
15-18 minutos

400 ml de **leche de coco** de lata
  (reserve 4 cucharadas)
2-3 cucharadas de **pasta
  de curry rojo** (*véase* pág. 94)
2 **huevos** grandes
2 ½ cucharadas de **salsa
  de pescado**
300 g de **marisco variado**
  (como langostinos pequeños
  y pescado, como bacalao
  cortado en trozos de 1 cm,
  mejillones limpios, vieiras
  y aros de calamar)
8 **pimientos rojos** largos
  grandes
un puñado de **hojas de
  albahaca dulce tailandesa**
  o **tiras de col**
½ cucharadita de **harina**

para **decorar**
2 **hojas de lima** *kaffir*,
  en tiras finas
unas rodajas de **guindilla roja**

Mezcle en un cuenco la leche de coco, la pasta de curry, los
huevos, la salsa de pescado y el marisco. Llene hasta la mitad
un wok o una vaporera con agua, tape y lleve a ebullición
a fuego medio.

Corte una tira larga de 1 cm de ancho, a partir del extremo de
cada pimiento. Retire las semillas y membranas de cada «caja»,
lávelos y séquelos. Coloque unas hojas de albahaca o espinacas,
o tiras de col en el fondo de cada pimiento. Rellénelos con
la mezcla de marisco. Coloque los pimientos en una fuente
que quepa en una vaporera de bambú o una vaporera metálica
dentro del wok. Tape y deje cocer al vapor de 15 a 18 minutos.

Mientras tanto, mezcle la harina y la leche de coco reservada
en un cazo pequeño hasta que la preparación esté lisa.
Remueva y cueza a fuego medio durante 2 o 3 minutos, o hasta
que se espese. Reparta un poco sobre los pimientos. Decore
con las hojas de lima, las rodajas de guindilla y acompañe con
arroz hervido o fideos cocidos.

Para preparar berenjenas al curry con picadillo de proteínas,
sustituya el marisco por 250 g de berenjenas púrpura o verdes
en dados de 1 cm. Mezcle con ½ cucharadita de sal, deje
reposar 30 minutos y escurra el agua. Remoje 50 g de proteína
de soja seca picada en agua caliente durante 6 o 7 minutos;
luego, escurra el agua. Incorpore la leche de coco, la pasta
de curry, 3 huevos grandes y 2 ½ cucharadas de salsa de
soja ligera. Distribuya la berenjena y la proteína en cuencos
individuales. Reparta por encima la salsa de curry, hasta tres
cuartos de su altura y cueza al vapor como se indica en la
receta. Vierta la leche de coco y decore como se ha indicado.

langostinos con hierba limonera y guindilla

4-6 raciones
tiempo de preparación
30 minutos
tiempo de cocción **20 minutos**

3 **tallos de hierba limonera**
de 12 cm, en rodajas finas
3-4 **guindillas rojas**, de unos
12 cm, sin semillas y ligeramente
picadas
6 **dientes de ajo**, ligeramente
picados
15 **escalonias**, 5 ligeramente
picadas y 10 en rodajas finas
2 **raíces** y **tallos de cilantro**,
ligeramente picados
750 g de **langostinos crudos**
medianos
aceite de girasol, para freír
160 g de **azúcar de coco**, **de
palma** o moreno, o 165 ml
de **miel clara**
3 ½ cucharadas de **salsa
de pescado**
5 cucharadas de **puré de
tamarindo** (*véase* pág. 90)
o 4 cucharadas de **jugo
de lima**

para **decorar**
hojas de cilantro
unas rodajas de **guindilla roja**

Utilice un mortero o una picadora pequeña para majar
la hierba limonera, las guindillas, el ajo, las escalonias picadas
y los tallos y las raíces de cilantro hasta formar una pasta
gruesa. Prepare los langostinos (*véase* pág. 13).

Caliente 7 cm de aceite en un wok a fuego medio. Estará
listo cuando, al deslizar una rodaja de escalonia, chisporrotee
enseguida. Fría las rodajas de escalonia de 6 a 8 minutos,
o hasta que estén doradas. Escúrralas sobre papel de cocina.

Fría los langostinos por tandas durante 3 o 4 minutos
y escúrralos sobre papel de cocina.

Retire la mayor parte del aceite, dejando 1 ½ cucharadas en el
wok. Saltee la pasta de guindilla y hierba limonera a fuego medio
durante 3 o 4 minutos, o hasta que desprenda aroma. Añada el
azúcar o la miel, la salsa de pescado y el puré de tamarindo o jugo
de lima y deje cocer durante 3 o 4 minutos, o hasta que el azúcar
se haya disuelto. Agregue todos los langostinos y mezcle
suavemente con la salsa. Pruebe la condimentación y rectifique.

Reparta en platos de servicio calientes y decore con las hojas
de cilantro y las rodajas de guindilla.

**Para preparar langostinos con escalonias crujientes
y jengibre**, fría 10 escalonias cortadas en rodajas finas hasta
que estén bien doradas. Utilice 1 ½ cucharadas de aceite para
dorar 2-3 dientes de ajo picados finos. Añada 2 zanahorias
pequeñas cortadas en tiras y saltee, mientras remueve,
durante 2 o 3 minutos. Incorpore 125 g de jengibre fresco,
pelado y rallado fino, los langostinos, 2 cucharadas de salsa de
ostras, 2 cucharadas de salsa de soja ligera, 4 cucharadas
de agua y saltee, removiendo, otros 3 o 4 minutos. Sirva
acompañado de escalonias crujientes, cilantro y guindilla.

platos completos

fideos fritos tailandeses con marisco

4 raciones

tiempo de preparación
20 minutos
tiempo de cocción **25 minutos**

500 g de **marisco variado**
300 g de **fideos de arroz secos**
4 ½-5 cucharadas de **aceite
de girasol**
3-4 **dientes de ajo**, picados finos
4 **huevos** grandes
2 **zanahorias**, en tiras finas
4-5 cucharadas de **salsa
de pescado**
3 ½ cucharadas de **kétchup**
5 cucharadas de **puré de
tamarindo** (*véase* pág. 90)
o **jugo de lima**
1 cucharada de **azúcar**
¼ de cucharadita de **guindilla
en polvo**
4 cucharadas de **nabo en
conserva**, picado fino
3-4 cucharadas de **gambas
secas** picadas
6 cucharadas de **cacahuetes
tostados**, bien picados
300 g de **brotes de soja**
2-3 **cebollas tiernas**, en trozos
de 2,5 cm
rodajas de **guindilla roja**,
para decorar

Prepare el marisco (*véase* pág. 13).

Cueza los fideos en agua hirviendo de 8 a 10 minutos,
o según las instrucciones del paquete. Escúrralos, añádalos
a un cuenco de agua hasta que se enfríen y escúrralos de nuevo.

Caliente 1 ½ cucharadas de aceite en un wok o una sartén
grande y saltee el ajo a fuego medio durante 1 o 2 minutos,
o hasta que esté ligeramente dorado. Añada el marisco y
cuézalo durante 3 o 4 minutos, o hasta que esté cocido. Retírelo
y resérvelo.

Agregue otras 1 ½ cucharadas de aceite al wok. Incorpore los
huevos y remuévalos durante 2 o 3 minutos. Ponga el resto del
aceite, los fideos y las zanahorias y saltee 3 o 4 minutos. Añada
la salsa de pescado, el kétchup, el puré de tamarindo o el jugo
de lima, el azúcar, la guindilla en polvo, el nabo, las gambas
secas y el marisco. Incorpore la mitad de los cacahuetes y los
brotes de soja y todas las cebollas tiernas. Mezcle bien. Pruebe
la condimentación y rectifique.

Reparta en una fuente de servicio y esparza por encima
el resto de los cacahuetes. Decore con el cilantro y la guindilla.
Acompañe con unos gajos de lima y el resto de los brotes
de soja.

Para preparar fideos fritos vegetarianos, sustituya el marisco
por 500 g de tofu firme cortado en trozos de 1 cm. Añádalos
al wok una vez que el ajo esté ligeramente dorado y saltee
durante 3 o 4 minutos. Retire y reserve antes de proseguir la
cocción como se indica en la receta. Prescinda de la salsa de
pescado y las gambas secas y sustituya por 4 ½ -5 cucharadas
de salsa de soja ligera.

curry del norte con pollo

4 raciones
tiempo de preparación
  15 minutos
tiempo de cocción
  unos 30 minutos

aceite de girasol, para freír
  y saltear
125 g de **escalonias**, en rodajas
  finas
300 g de **fideos de huevo**
2-3 cucharadas de **pasta
  de curry rojo** (*véase* pág. 94)
2 cucharadas de **cúrcuma
  molida**
1 cucharadita de **comino
  molido**
500 g de **filetes de pollo**
  pelados, en lonchas finas
200 ml de **leche de coco**
200 ml de **caldo vegetal**
  o de **pollo**
2 ½ cucharadas de **salsa
  de pescado**
25 g de **azúcar de coco,
  de palma** o **moreno**,
  o 2 cucharadas de **miel clara**
unas rodajas de **guindilla roja**,
  para decorar
4 rodajas de **lima**, para servir

Caliente 7 cm de aceite en un wok a fuego medio. No debe
estar demasiado caliente: estará listo cuando, al sumergir un
trozo de escalonia, chisporrotee enseguida. Fría las escalonias
de 6 a 8 minutos, o hasta que estén doradas. Escúrralas sobre
papel de cocina.

Cueza los fideos en agua hirviendo de 8 a 10 minutos,
o siga las instrucciones del paquete. Manténgalos calientes.

Caliente 1 ½ cucharadas de aceite en un wok o una
sartén grande y saltee la pasta de curry con la cúrcuma y
el comino a fuego medio durante 3 o 4 minutos, o hasta que
desprenda aroma.

Añada el pollo y saltee durante 4 o 5 minutos. Vierta la leche
de coco y el caldo, la salsa de pescado y el azúcar o la miel
y luego cueza 3 o 4 minutos a fuego lento, o hasta que el
azúcar se haya disuelto. Remueva regularmente. Pruebe
la condimentación y rectifique.

Divida los fideos en 4 platos de servicio. Reparta por encima el
pollo al curry y decore con las rodajas de guindilla y las escalonias
crujientes. Ponga una rodaja de lima en cada plato.

Para preparar curry del norte con marisco, cueza a fuego
lento la leche de coco, el caldo, la salsa de pescado y el
azúcar una vez que la pasta de curry desprenda aroma.
Añada 500 g de marisco (el que desee), cueza durante
3 o 4 minutos, y prosiga la receta.

fideos crujientes con hortalizas

4 raciones
tiempo de preparación
15 minutos
tiempo de cocción
15-20 minutos

500 g de **hortalizas variadas**
(como brécol, ramitos de
coliflor, zanahorias en rodajas
finas, mazorcas de maíz mini,
tirabeques, judías verdes,
champiñones cortados,
hojas de berza)
unos 750 ml de **aceite**
de girasol
125 g de **fideos de huevo secos**
3-4 **dientes de ajo**, picados
125 g de **brotes de soja**
1 cm de **jengibre fresco**, pelado
y rallado fino
200 ml de **caldo vegetal** o **agua**
2 cucharadas de **salsa de soja**
ligera
3 ½-4 cucharadas de **salsa**
de ostras
2 **cebollas tiernas**, en trozos
de 2,5 cm
hojas de cilantro, para decorar

Blanquee el brécol, la coliflor y la zanahoria en agua hirviendo durante 1 minuto y 30 segundos. Escúrralos y póngalos en un cuenco con agua helada para que queden crujientes. Escúrralos de nuevo y colóquelos en un recipiente con el resto de las hortalizas.

Caliente 7 cm de aceite en el wok, a fuego medio. El aceite estará listo cuando, al echar dentro un fideo, éste burbujee inmediatamente. Fría cada nido de pasta de 5 a 6 minutos o hasta que la pasta esté crujiente. Coloque la pasta frita sobre papel de cocina y mantenga caliente.

Vierta el aceite en el wok, reservando 1 ½ cucharadas y saltee el ajo a fuego medio durante 1 o 2 minutos, o hasta que esté ligeramente dorado. Incorpore las hortalizas, los brotes de soja y el jengibre y saltee otros 3 o 4 minutos. Añada el caldo, la salsa de soja ligera y 3 ½ cucharadas de salsa de soja. Mezcle bien y agregue las cebollas tiernas. Pruebe y rectifique la condimentación, añadiendo el resto de salsa de ostras, si fuese necesario.

Coloque los fideos en platos de servicio y reparta por encima las hortalizas. Decore con las hojas de cilantro y sirva.

Para preparar fideos crujientes con marisco, sustituya las hortalizas por 500 g de marisco variado, como gambas crudas peladas, aros de calamar, mejillones enteros y vieiras pequeñas. Dore el ajo ligeramente, añada 375 g de hojas de berza ligeramente picadas y saltee, sin dejar de remover, durante 3 minutos. Incorpore el marisco y los brotes de soja y saltee 3 o 4 minutos más. Finalice la cocción como antes y acompañe con los fideos crujientes.

fideos crujientes con marisco

4 raciones
tiempo de preparación
15 minutos
tiempo de cocción **20 minutos**

500 g de **marisco variado**
(como langostinos crudos
medianos, bolsas de calamar,
mejillones limpios sin valvas
y vieiras pequeñas)
375 g de **fideos de arroz secos
planos**, de 1 cm de ancho
1 ½ - 2 cucharadas de **aceite
de girasol**
3-4 **dientes de ajo**, picados finos
2-3 **guindillas ojo de pájaro**,
ligeramente machacadas
2 ½ cucharadas de **salsa
de pescado**
3 cucharadas de **caldo
de pescado** o agua
1 puñado de **hojas de albahaca
dulce tailandesa**

Prepare el marisco (*véase* pág. 13).

Cueza los fideos en agua hirviendo de 8 a 10 minutos, o siga
las instrucciones del paquete. Escúrralos. Enfríelos bajo el grifo
y vuelva a escurrirlos.

Caliente el aceite en un wok o sartén grande y saltee el ajo
y las guindillas a fuego medio durante 1 o 2 minutos, o hasta
que el ajo se haya dorado ligeramente. Añada el marisco
y saltee 3 o 4 minutos más. Desplácelo hacia los lados
del recipiente.

Agregue los fideos, la salsa de pescado y el caldo o el agua.
Mezcle hasta que los fideos estén calientes. Incorpore las
hojas de albahaca y saltee ligeramente. Pruebe la condimentación
y rectifique.

Reparta en 4 cuencos de servicio calientes.

Para preparar fideos especiados con hortalizas, sustituya
el marisco por 500 g de hortalizas, como ramitos de brécol,
zanahorias en rodajas, pimientos rojos y verdes en rodajas,
mazorcas de maíz mini, judías verdes, setas y hojas de berza.
Una vez que el ajo esté ligeramente dorado, añada el brécol,
las zanahorias y los pimientos y saltee durante 3 o 4 minutos;
luego incorpore el maíz, las judías verdes, las setas, las hojas
de berza y los fideos y prosiga como indica la receta.

cangrejos salteados con fideos

2-4 raciones
tiempo de preparación
30 minutos
tiempo de cocción **20 minutos**

1-2 **cangrejos** frescos o
   congelados (unos 500 g)
125 g de **fideos** *mungo*
1 ½-2 cucharadas de **aceite
   de girasol**
2-3 **dientes de ajo**, picados finos
1 **cebolla roja**, en rodajas finas
1 **pimiento rojo**, sin semillas
   en trozos pequeños
1 **zanahoria**, en tiritas
1 cm de **jengibre fresco**,
   picado fino
1 ½ cucharadas de **salsa
   de soja ligera**
1 cucharada de **salsa de ostras**

para **decorar**
hojas de cilantro
2 **cebollas tiernas**, en trozos
   de 2,5 cm

Prepare los cangrejos (*véase* pág. 12).

Remoje los fideos en agua caliente durante 4 o 5 minutos,
o hasta que se ablanden. Escúrralos bien y córtelos 4 o 5 veces
con un cuchillo afilado para reducir su longitud.

Caliente el aceite en un wok o sartén grande y saltee el
ajo a fuego medio durante 1 o 2 minutos, o hasta que esté
ligeramente dorado. Agregue el cangrejo troceado y saltee,
sin dejar de remover, de 10 a 12 minutos. Incorpore la cebolla,
el pimiento y la zanahoria y saltee durante 3 o 4 minutos.
Añada los fideos, el jengibre, la salsa de ostras y de soja y
saltee mientras remueve otro minuto. Pruebe la condimentación
y rectifique.

Reparta en platos de servicio calientes y decore con el cilantro
y las cebollas tiernas.

**Para preparar cangrejo salteado con hortalizas y flores
de lirio**, remoje 10 flores de lirio secas en agua hirviendo de
8 a 10 minutos, escúrralas y forme un nudo en el centro de cada
una. Sustituya los fideos por 400 g de hortalizas picadas,
como champiñones pequeños, tirabeques, judías verdes
o mazorcas de maíz mini, tiras de apio y rodajas de zanahoria
en tiras finas. Una vez que el cangrejo esté medio cocido,
añada las hortalizas variadas, las flores, la cebolla roja,
la pimienta, el jengibre, 2 cucharadas de salsa de soja ligera
y la misma cantidad de salsa de ostras y siga removiendo y
salteando otros 6 o 7 minutos.

fideos con judías y setas blancas

4 raciones
tiempo de preparación
20 minutos
tiempo de cocción **25 minutos**

75 g de picadillo de **proteína
de soja**
un puñado de **setas blancas
secas**
2 cucharadas de **semillas
de sésamo blancas o negras**
300 g de **fideos de arroz planos**
3 cucharadas de **aceite
de girasol**
3-4 **dientes de ajo**, picados
250 g de **judías cocidas
variadas**, de lata y escurridas
3 **huevos**
2 **zanahorias**, en tiras
2 **zanahorias**, en tiras
150 g de **rábano blanco**,
pelado y cortado en trozos
3 ½ cucharadas de **kétchup**
1 ½ cucharada de **azúcar**
3 cucharadas de **jugo de lima**
3 cucharadas de **nabo
en conserva**, picado fino
¼-½ cucharadita de **guindilla
en polvo**
150 g de **brotes de soja**
hojas de cilantro, para decorar
rodajas de guindilla roja,
para decorar

Remoje la proteína de soja en agua caliente durante
4 o 5 minutos, o hasta que se ablande; luego escurra el líquido.
Haga lo mismo con las setas secas, pero en agua hirviendo
y durante 3 o 4 minutos. Deseche los pies duros y píquelas.

Fría en seco las semillas de sésamo en una sartén a fuego medio
durante 3 o 4 minutos, o hasta que se doren y chisporroteen.
Transfiéralas a un cuenco pequeño.

Cueza los fideos en agua hirviendo de 8 a 10 minutos,
o siga las instrucciones del paquete. Escúrralos, agregue
agua hasta que se enfríen y vuelva a escurrirlos.

Caliente 1 ½ cucharadas de aceite en un wok y saltee el ajo
a fuego medio durante 1 o 2 minutos, hasta que esté ligeramente
dorado. Agregue el picadillo de proteína, las judías y las setas
y saltee 2 o 3 minutos; luego, lleve a los bordes del wok. Vierta
el resto del aceite y revuelva el huevo 2 o 3 minutos. Incorpore las
zanahorias y el rábano blanco y saltee 3 o 4 minutos. Añada los
fideos, la salsa de soja, el kétchup, el azúcar, el nabo, la guindilla
en polvo, el azúcar, los brotes de soja y el jugo de lima y saltee
otros 3 o 4 minutos. Pruebe la condimentación y rectifique.

Reparta en platos de servicio y decore con las semillas de
sésamo tostadas, las hojas de cilantro y las rodajas de guindilla.

Para preparar fideos con «flores de fuegos artificiales»,
prescinda de las judías y del picadillo de soja. Mezcle 125 g
de harina con levadura, ½ cucharadita de levadura en polvo,
¼ de cucharadita de sal, una pizca de pimienta blanca
molida, 2 dientes de ajo majados, 2 raíces y tallos de cilantro
aplastados y 125 ml de agua fría hasta obtener una masa
grumosa. Sumerja en el aceite caliente por tandas hasta
que esté crujiente; luego, escurra. Añada al final de la receta.

fideos de huevo fritos

2 raciones
tiempo de preparación
10 minutos
tiempo de cocción **20 minutos**

175 g de **fideos de huevo**
2-2 ½ cucharadas de **aceite de girasol**
2 **dientes de ajo**, majados
1 **cebolla**, en rodajas finas
250 g de **filetes de pollo**
o **solomillo de cerdo**, en lonchas finas
2 **huevos**
125 g de **carne de cangrejo**
o **calamar** preparado
125 g de **langostinos crudos** pelados
1 ½-2 cucharadas de **salsa de soja ligera**
2 ½-3 cucharadas de **salsa de ostras**
pimienta blanca molida

para **decorar**
hojas de cilantro
corteza de lima, en tiras finas

Cueza los fideos en agua hirviendo de 8 a 10 minutos, o siga las instrucciones del paquete. Escúrralos y déjelos enfriar en un cuenco con agua fría. Vuelva a escurrirlos y resérvelos.

Caliente la mitad del aceite en un wok o una sartén grande. Agregue el ajo y saltee rápidamente hasta que esté ligeramente dorado. Añada la cebolla y el pollo y fríalos durante 3 o 4 minutos; luego, llévelos hacia los extremos del wok.

Incorpore al wok el resto del aceite y remueva los huevos durante 2 o 3 minutos. Agregue el cangrejo o el calamar y los langostinos y saltee, sin dejar de remover, 2 o 3 minutos. Siga con los fideos cocidos, 1 ½ cucharadas de salsa de soja ligera, 2 ½ cucharadas de salsa de ostras y pimienta, y mezcle bien para calentar los fideos. Pruebe la condimentación y rectifique, utilizando el resto de la salsa de soja ligera y de ostras, si fuese necesario.

Divida en platos de servicio y sirva decorado con hojas de cilantro y corteza de lima.

Para preparar fideos de huevo fritos con verduras, prescinda del calamar o la carne de cangrejo y los langostinos. Añada 250 g de hojas de berza ligeramente picadas tras remover los huevos y saltear durante 3 o 4 minutos. Incorpore los fideos cocidos y un puñado de brotes de soja con el resto de los ingredientes. Rectifique la condimentación al gusto y prosiga la cocción como se indica en la receta.

cerdo crujiente con arroz

4-6 raciones
tiempo de preparación
  5 minutos, más tiempo
  de secado y enfriado toda
  la noche
tiempo de cocción
  36-40 minutos

1 kg de **panceta de cerdo**
  (magra, si fuese posible)
1 cucharadita de **sal marina**
2 cucharaditas de **vinagre
  de arroz**
aceite de girasol, para freír

Lave la panceta y córtela en 4 trozos; séquelos con papel de cocina y déjelos enfriar 1 hora.

Utilice un cuchillo para realizar cortes en diagonal en la corteza, practicados a una la distancia de 1 cm, en forma romboidal. Pinche la corteza con un tenedor. Frote la carne con la sal y la corteza con el vinagre. Deje a temperatura ambiente durante 4 o 5 horas, o toda la noche en la nevera.

Caliente 7 cm de aceite en un wok a fuego medio. Cuando esté listo para freír, sumerja un trocito de ajo; si chisporrotea enseguida, el aceite está listo. Ponga cada trozo de panceta en el aceite con el lado de la corteza hacia abajo, y fríalos de 8 a 10 minutos, hasta que estén ligeramente dorados y crujientes. Escurra sobre papel de cocina. Repita la operación con el resto de la carne. Córtela en trozos pequeños y colóquelos sobre arroz hervido.

Sirva con salsa de guindilla dulce (*véase* pág. 36) o como desee.

Para preparar ensalada de cerdo crujiente, mezcle la mitad de la carne de cerdo crujiente cortada en trozos pequeños con 4 escalonias y 3 cebollas tiernas en rodajas finas, 1-2 guindillas rojas ojo de pájaro picadas finas, 3 ½ cucharadas de jugo de lima y ½ cucharada de salsa de pescado. Pruebe la condimentación y rectifique. Reparta sobre las hojas de ensalada variadas y decore con hojas de cilantro y rodajas de guindilla.

arroz frito con langostinos y cangrejo

4 raciones

tiempo de preparación

15 minutos

tiempo de cocción **6-8 minutos**

225 g de **langostinos**

3 cucharadas de **aceite
de girasol**

5-6 **dientes de ajo**, picados finos

4 **huevos**

1 kg de **arroz cocido**, refrigerado
toda la noche

250 g de **carne de cangrejo**
de lata y escurrida

2 cucharaditas de **curry en polvo**

1 ½-2 cucharadas de **salsa
de soja ligera**

1 **cebolla**, en rodajas

2 **cebollas tiernas**, en rodajas
finas

unas 8 **pinzas de cangrejo**
cocidas, 125 g en total

½ **guindilla larga roja** o **verde**,
sin pedúnculo ni semillas,
en rodajas finas, para decorar

Prepare los langostinos (*véase* pág. 13).

Caliente la mitad del aceite en un wok o una sartén grande
y saltee el ajo a fuego medio hasta que esté ligeramente
dorado. Incorpore los langostinos y saltee a fuego vivo
durante 1 o 2 minutos. Apártelos a un lado del recipiente.

Añada el resto del aceite y remueva los huevos durante
1 o 2 minutos.

Incorpore el arroz, la carne de cangrejo, el curry en polvo,
1 ½ cucharadas de salsa de soja ligera y la cebolla y cueza,
sin dejar de remover, durante 1 o 2 minutos. Agregue las cebollas
tiernas y, en los últimos minutos de cocción, las pinzas de
cangrejo. Pruebe la condimentación y rectifique, utilizando
el resto de la salsa de soja, si fuese necesario.

Reparta en una fuente de servicio, decore con las rodajas
de guindilla y sirva inmediatamente.

Para preparar arroz frito especiado con pimiento
rojo, tras dorar el ajo, añada 1 pimiento rojo cortado fino
y 1 cebolla en rodajas finas y saltee, sin dejar de remover,
durante 3 o 4 minutos. Incorpore los langostinos y 2 guindillas
rojas largas picadas finas y prosiga la cocción como se indica
en la receta, pero omita la carne de cangrejo, el curry en polvo
y las pinzas de cangrejo.

arroz frito con langostinos y piña

2 raciones
tiempo de preparación
25 minutos
tiempo de cocción
30-35 minutos

1 **piña**, con las hojas
300 g de **langostinos crudos**
medianos o grandes
3-3 ½ cucharadas de **aceite**
de girasol
1 **huevo** grande, batido con
una pizca de sal
2-3 **dientes de ajo**, picados finos
150 g de **jamón**, picado
50 g de **maíz en grano**
o **guisantes**, previamente
descongelados
½ **pimiento rojo**, sin semillas
y en dados
un trozo de 1 cm **de jengibre**
fresco, pelado y rallado fino
25 g de **pasas**
300 g de **arroz cocido** frío
1 cucharada de **salsa de soja**
ligera
2 cucharaditas de **curry amarillo**
en polvo
25 g de **anacardos tostados**,
para decorar

Corte la piña por la mitad a lo largo. Retire la carne dejando la parte externa de 1 cm de grosor. Corte la carne en dados, ponga la mitad en un cuenco y refrigere el resto para otro uso.

Envuelva las hojas de piña en papel de aluminio para evitar que se quemen. Hornee las mitades de piña vacía en la placa de hornear en el horno, precalentado a 180 °C, de 10 a 15 minutos para sellar el jugo. Prepare los langostinos (*véase* pág. 13).

Caliente 1 ½ cucharadas del aceite en un wok o una sartén grande a fuego medio. Añada el huevo y vuelque la sartén para obtener una tortilla redonda. Dele la vuelta para que se dore el otro lado. Retírela de la sartén, déjela enfriar y córtela en tiras.

Caliente el resto del aceite y saltee el ajo a fuego medio durante 1 o 2 minutos, o hasta que esté ligeramente dorado. Añada los langostinos, el jamón, el maíz, los guisantes, el pimiento, el jengibre y las pasas. Saltee durante 3 o 4 minutos, o hasta que los langostinos se abran y estén rosados. Agregue el arroz, la salsa de soja, el curry en polvo y la piña y mezcle a fuego medio de 5 a 7 minutos. Pruebe la condimentación y rectifique.

Rellene las mitades de piña con el arroz frito. Decore con las tiras de tortilla y los anacardos y sirva.

Para preparar arroz frito con calabaza y judías, sustituya la piña y los langostinos por 300 g de calabaza cocida en dados y 250 g de judías variadas, escurridas. Omita el jamón, el maíz, las pasas y el curry en polvo. Dore el ajo, añada el arroz, las judías, los guisantes, el pimiento, el jengibre y 2-2 ½ cucharadas de salsa de soja. Cueza durante 4 o 5 minutos. Agregue la calabaza y caliente.

arroz frito con judías y tofu

4 raciones

tiempo de preparación
   10 minutos

tiempo de cocción **7 minutos**

unos 750 ml de **aceite
   de girasol**, para freír

½ **bloque de tofu** frito de 250 g,
   en dados

2 **huevos**

250 g de **arroz hervido**

1 ½-2 cucharadas de **salsa
   de soja ligera**

2 cucharadas de **guindillas
   secas en copos**

1 cucharadita de **salsa
   de pescado** o **sal**

125 g de **judías verdes**, picadas
   finas

25 g de **menta fresca**,
   para acompañar

Caliente el aceite en un wok y fría el tofu a fuego medio hasta
que esté uniformemente dorado. Retírelo con una espumadera
y déjelo escurrir sobre papel de cocina. Reserve.

Casque los huevos por encima, rompa las yemas y remueva.

Añada el arroz, 1 ½ cucharadas de salsa de soja, las guindillas,
la salsa de pescado o la sal y las judías verdes y saltee
durante 3 o 4 minutos. Mezcle con el tofu para calentarlo
otros 2 o 3 minutos.

Transfiera a una fuente y acompañe con menta crujiente,
si lo desea.

Para preparar menta crujiente, como decoración, caliente
2 cucharadas de aceite en un wok. Añada 25 g de hojas de
menta frescas y 1 guindilla roja fresca picada fina y saltee, sin
dejar de remover, durante 1 minuto, hasta que esté crujiente.
Retire con una espumadera y escurra sobre papel de cocina.

arroz especiado con pollo

4 raciones
tiempo de preparación
10 minutos
tiempo de cocción **15 minutos**

1 ½-2 cucharadas de **aceite
de girasol**
3-4 **dientes de ajo**, picados finos
3-4 **guindillas ojo de pájaro**
pequeños, ligeramente
majados
425 g de **filetes de pollo**,
en lonchas finas
750 g de **arroz jazmín** cocido
(*véase* pág. 126), refrigerado
toda la noche
2 ½ cucharadas de **salsa
de pescado**
1 puñado de **hojas de albahaca
dulce tailandesa**

Caliente el aceite en un wok o una sartén grande. Saltee el ajo y las guindillas a fuego medio durante 1 o 2 minutos, o hasta que el ajo se haya dorado un poco. Incorpore el pollo y la cebolla y saltee, sin dejar de remover, durante 4 o 5 minutos, o hasta que el pollo esté cocido.

Añada el arroz y la salsa de pescado y saltee otros 3 o 4 minutos. Pruebe la condimentación y rectifique. Agregue las hojas de albahaca y saltee hasta que éstas empiecen a ablandarse.

Reparta en 4 platos de servicio calientes.

Para preparar arroz con langostinos a la guindilla dulce, sustituya el pollo, el ajo y las guindillas pequeñas por 425 g de langostinos y 2-3 cucharadas de salsa de guindilla dulce (*véase* pág. 36). (Intente que la salsa esté aromatizada al ajo.) Saltee los langostinos 2 o 3 minutos, añada la salsa de guindilla dulce y mezcle bien. Incorpore la cebolla, el arroz y la salsa de pescado y prosiga como indica la receta.

sopa de arroz con pescado

4 raciones
tiempo de preparación
  10 minutos
tiempo de cocción **15 minutos**

1 ½ cucharadas de **aceite
  de girasol**
3-4 **dientes de ajo**, picados finos
1,8 litros de **caldo vegetal
  o de pescado**
30 **bayas del Goji secas**
  (opcional)
375 g de **arroz cocido**
2 cucharadas de **rábano
  en conserva**
3 ½ cucharadas de **salsa
  de soja ligera**
375 g de **filetes de pescado**
  sin piel, sin las espinas,
  en trozos de 3,5 cm
1 puñado de **hojas de acelga
  o col china**, ligeramente
  picadas
un trozo de 2,5 cm de **jengibre
  fresco**, pelado y rallado fino

para **decorar**
2 **cebollas tiernas,**
  en rodajas finas
hojas de cilantro
1 pizca de **pimienta blanca
  molida**

Caliente el aceite en un cazo pequeño y saltee el ajo a fuego medio durante 1 o 2 minutos, o hasta que esté ligeramente dorado. Póngalo en un cuenco pequeño.

Caliente el caldo, las bayas del Goji (si las usa), el arroz (separado, si fuese necesario) y el rábano en una cacerola a fuego medio de 6 a 8 minutos. Añada la salsa de soja, el pescado, la col y el jengibre y cueza otros 4 o 5 minutos, removiendo de vez en cuando, o hasta que el pescado esté cocido. Pruebe la condimentación y rectifique.

Reparta en 4 platos de servicio y decore con cebollas tiernas, hojas de cilantro y pimienta. Rocíe con el aceite de ajo.

Para preparar arroz con albóndigas de calamar, sustituya el pescado por 375 g de calamar picado. Mézclelo con 2 dientes de ajo picados finos, 2 raíces y tallos de cilantro picados finos, 1 cucharada de harina y ¼ de cucharadita de pimienta blanca molida. Forme albondiguillas y déjelas caer en el caldo una vez que haya incorporado el rábano. Prosiga como indica la receta.

arroz frito con marisco

4 raciones
tiempo de preparación
30 minutos
tiempo de cocción **6-8 minutos**

500 g de **marisco variado**
(langostinos crudos, vieiras,
calamar y filete de pescado
blanco)
3 cucharadas de **aceite
de girasol**
4 **dientes de ajo**, picados finos
1 kg de **arroz cocido**, refrigerado
toda la noche
2 **cebollas**, en rodajas
un trozo de 2,5 cm de **jengibre
fresco**, pelado y en rodajas
finas
2 ½-3 cucharadas de **salsa
de soja ligera**
3 **cebollas tiernas**, en rodajas
finas
1 **guindilla roja o verde**,
sin pedúnculo ni semillas,
en rodajas finas, para decorar

Prepare el marisco (*véase* pág. 13).

Caliente el aceite en una sartén grande o en un wok y saltee
el ajo a fuego medio hasta que esté ligeramente dorado.

Añada el marisco y saltéelo a fuego vivo durante
1 o 2 minutos. Incorpore el arroz cocido, las cebollas,
el jengibre y 2 ½ cucharadas de salsa de soja ligera
y saltee 3 o 4 minutos. Incorpore las cebollas tiernas;
pruebe la condimentación y rectifique con el resto
de la salsa de soja, si fuese necesario.

Transfiéralo a una fuente de servicio, adorne con las rodajas
de guindilla y sirva inmediatamente.

Para preparar sopa de arroz con fideos, una vez que
el ajo se haya dorado ligeramente, añada 500 g de arroz
cocido y saltee 3 o 4 minutos. Vierta 1,8 litros de caldo
de pescado, de marisco o vegetal. Prescinda de la cebolla
y agregue los mariscos, la salsa de soja ligera, 2 cucharadas
de rábano en conserva y un puñado de col blanca. Cueza
durante 3 o 4 minutos antes de transferir a los platos de servicio.

arroz frito con tortilla de salmón

4 raciones

tiempo de preparación
10 minutos

tiempo de cocción
25-30 minutos

5 cucharadas de **aceite
de girasol**

2-3 **dientes de ajo**, picados finos

1 **cebolla roja**, en rodajas finas

1 **zanahoria**, en tiras

50 g de **guisantes**, previamente
descongelados, si estuviesen
congelados

500 g de **arroz jazmín cocido**
(*véase* pág. 126) refrigerado
toda la noche

125 g de **salmón salvaje** de lata,
sin aceite y desmenuzado

1 cm de **jengibre fresco**, pelado
y finamente picado

1 ½ cucharadas de **salsa
de soja ligera**

4 **huevos** grandes

4 cucharadas de **caldo vegetal
o agua**

⅛ de cucharadita de **pimienta
blanca molida**

4 **rodajas de lima**, para servir

para **decorar**
hojas de cilantro

Caliente 1 cucharada de aceite en un wok o una sartén grande
y saltee el ajo a fuego medio durante 1 o 2 minutos, o hasta que
se haya dorado ligeramente. Incorpore la cebolla, la zanahoria
y los guisantes y cueza durante 3 o 4 minutos. Añada el arroz,
el jengibre, la salsa de soja y cueza, sin dejar de remover,
durante 4 o 5 minutos. Pruebe la condimentación y rectifique.
Divida en 4 raciones y conserve caliente.

Bata en un cuenco los huevos, el caldo, la sal y la pimienta.
Distribuya en 4 porciones.

Caliente una sartén antiadherente a fuego medio y pincele
con un poco de aceite. Vierta una porción de la mezcla
de huevo e incline la sartén para formar una tortilla muy fina.
Cuézala durante 1 o 2 minutos, o hasta que casi haya cuajado.
Dele la vuelta y dórela ligeramente por el otro lado.

Coloque 1 ración del arroz frito a un lado de la tortilla y doble
el otro por encima. Manténgala caliente mientras prepara las
tres tortillas restantes. Coloque una tortilla en cada plato de
servicio. Adórnelas con las hojas de cilantro y añada una rodaja
de lima en cada plato. Acompañe con una ensalada u hortalizas
salteadas o al vapor.

Para preparar arroz frito especiado con tortilla de cangrejo,
añada 1 cucharada de pasta de curry y saltee con el aceite
(omita el ajo). Sustituya el salmón por una lata de 125 g de
cangrejo y cueza como se indica en la receta. Coloque 2 pinzas
de cangrejo cocidas al lado de cada tortilla antes de servir.

arroz al curry con hortalizas

4 raciones
tiempo de preparación
15 minutos
tiempo de cocción **18 minutos**

300 g de **hortalizas variadas**
(como berenjenas tailandesas,
espárragos finos, calabacines,
judías verdes, tirabeques, setas
y mazorcas de maíz mini)
1 ½-2 cucharadas de **aceite
de girasol**
1 ½-2 cucharadas de **pasta
de curry rojo** (*véase* pág. 94)
200 ml de **leche de coco**
150 g de **brotes de bambú**
en tiras en conserva, escurridos
2 ½ cucharadas de **salsa
de soja ligera**
25 g de **azúcar de coco,
de palma** o **moreno,**
o 2 cucharadas de **miel clara**
500 g de **arroz jazmín** cocido
(*véase* pág. 126), refrigerado
toda la noche

para **decorar**
hojas de cilantro
unas rodajas de **guindilla roja**

Corte las berenjenas en cuatro trozos y luego los espárragos
en trozos de 5 cm. Corte los calabacines en rodajas, recorte
los extremos de las judías y después, corte en diagonal;
haga lo mismo con las setas, si fuesen grandes.

Caliente el aceite en un wok o una sartén grande y saltee la
pasta de curry a fuego medio durante 3 o 4 minutos, o hasta
que desprenda aroma.

Añada las berenjenas y saltéelas durante 3-4 minutos.
Vierta la leche de coco, el resto de las hortalizas, los brotes
de bambú, la salsa de soja y el azúcar o la miel y cueza durante
5 o 6 minutos, removiendo suavemente de vez en cuando.

Mezcle cuidadosamente el arroz con las hortalizas y caliéntelo
durante 3 o 4 minutos. Pruebe la condimentación y rectifique.

Reparta en 4 platos de servicio calientes y decore con las hojas
del cilantro y las rodajas de guindilla.

Para preparar arroz al curry con judías, sustituya las
hortalizas variadas por una lata de 250 g de judías variadas,
escurridas. Utilice un curry verde en vez de rojo (*véase*
pág. 200). Una vez que la pasta desprenda aroma, añada
la leche de coco, los brotes de bambú, la salsa de soja,
el azúcar o la miel y la preparación de judías. Cueza durante
2 o 3 minutos, añada el arroz y mezcle bien.

arroz con cerdo especiado y judías

4 raciones
tiempo de preparación
15 minutos
tiempo de cocción **18 minutos**

1 ½-2 cucharadas de **aceite de girasol**
2-3 cucharadas de **pasta de curry rojo** (*véase* pág. 94)
375 g de **solomillo de cerdo**, en lonchas finas
250 g de **judías tiernas** finas largas, en trozos de 2,5 cm
15 g de **azúcar de coco, de palma** o **moreno,** o 1 cucharada de **miel clara**
750 g de **arroz jazmín** cocido (*véase* pág. 126), refrigerado toda la noche
1 ½ cucharadas de **salsa de pescado**
3-4 **hojas de lima** *kaffir*, en tiras finas, para decorar

Caliente el aceite en un wok o una sartén grande y saltee la pasta de curry a fuego medio durante 3 o 4 minutos, o hasta que desprenda aroma.

Añada el cerdo y saltee durante 4 o 5 minutos. Incorpore las judías y el azúcar o la miel y saltee, sin dejar de remover, otros 4 o 5 minutos.

Incorpore el arroz y la salsa de pescado y cueza 3 o 4 minutos más. Pruebe la condimentación y rectifique.

Reparta en 4 platos de servicio calientes y decore con las hojas de lima.

Para preparar arroz con hortalizas especiadas, sustituya el solomillo y las judías por 625 g de una mezcla de tirabeques y mazorcas de maíz mini. Prescinda de la salsa de pescado. Una vez que la pasta de curry desprenda aroma, añada los tirabeques y el maíz y saltee, sin dejar de remover, 3 o 4 minutos. Incorpore el arroz y 2-2 ½ cucharadas de salsa de soja ligera y saltee otros 3 o 4 minutos, o hasta que el arroz esté caliente.

platos vegetarianos

hortalizas salteadas con tofu

4-6 raciones
tiempo de preparación
   15 minutos
tiempo de cocción **13 minutos**

500 g de **hortalizas variadas**
   (como pimientos rojos
   o amarillos, zanahorias, setas,
   tirabeques, judías verdes,
   mazorcas de maíz mini y brotes
   de soja)
1 ½-2 cucharadas de **aceite
   de girasol**
2-3 **dientes de ajo**, picados finos
un trozo de 2,5 cm **de jengibre
   fresco**, pelado y picado fino
2 cucharadas de **caldo vegetal
   o agua**
2 ½ cucharadas de **salsa
   de soja ligera**
625 g de **tofu firme**, escurrido
   y en dados de 2,5 cm
hojas de cilantro, para decorar

Retire las semillas de los pimientos y córtelos en trozos regulares. Pele y corte las zanahorias en tiras finas. Retire los extremos de los tirabeques y las judías, y luego córtelos en diagonal.

Caliente el aceite en un wok o sartén grande y saltee el ajo a fuego medio 1 o 2 minutos, o hasta que esté ligeramente dorado.

Agregue el pimiento, las zanahorias y las setas y saltee durante 3 o 4 minutos. Incorpore el resto de las hortalizas, el jengibre, el caldo y la salsa de soja y cueza 2 o 3 minutos suavemente. Añada los dados de tofu y caliente 2 o 3 minutos procurando que no pierdan su forma. Pruebe la condimentación y rectifique.

Reparta en 4 cuencos de servicio y decore con las hojas de cilantro.

Para preparar tofu salteado con brécol, sustituya las hortalizas variadas por 500 g de ramitos de brécol. Deje el exterior de los dados de tofu crujientes, pero con el interior blando, para ello, fríalos en un poco de aceite durante 1 o 2 minutos por lado. Quizás necesite un poco más de aceite en cada tanda. Blanquee el brécol en agua hirviendo durante 1 o 2 minutos; escúrralo, póngalo en un cuenco con agua fría y vuelva a escurrirlos. Saltee los ramitos de brécol, el jengibre, el caldo y la salsa de soja ligera una vez que el ajo esté ligeramente dorado. Incorpore el tofu al finalizar la cocción.

setas especiadas con jengibre

4 raciones (con otros 2 platos
principales)
tiempo de preparación
10 minutos, más tiempo
de remojo
tiempo de cocción **7-8 minutos**

1 puñado pequeño de **setas
negras secas**
1 ½ cucharadas de **aceite
de girasol**
3 **dientes de ajo**, picados finos
500 g de **setas variadas**
(como orellanas, *shiitake*
y champiñones mini)
1 **cebolla** pequeña, cortada
en 6 trozos
3 cucharadas de **aceite vegetal
o agua**
2-2 ½ cucharadas de **salsa
de ostras**
un trozo de 5 cm de **jengibre
fresco**, pelado y en rodajas
finas
2 **cebollas tiernas**, en rodajas
hojas de cilantro, para decorar

Escalde las setas secas durante 3 o 4 minutos hasta que se
ablanden; luego, escúrralas. Retire y deseche los pies duros.

Caliente el aceite en un wok o sartén grande y saltee el ajo
a fuego medio hasta que esté ligeramente dorado.

Corte los champiñones grandes por la mitad y retire los pies
duros. Añada todas las setas, la cebolla, el caldo, 2 cucharadas
de salsa de ostras y el jengibre y saltee otros 4 o 5 minutos.
Pruebe la condimentación y rectifique, utilizando el resto
de salsa de ostras, si fuese necesario.

Reparta en una fuente de servicio, decore con el cilantro
y sirva inmediatamente.

**Para preparar las setas especiadas con castañas de
agua**, sustituya las setas negras por una pequeña cantidad
de blancas. Una vez que el ajo esté ligeramente dorado,
incorpore 1 ½-2 cucharadas de pasta de curry tostada y la
cebolla; saltee de 3 a 5 minutos. Agregue las setas y 150 g de
castañas de agua en rodajas; siga como se indica en la receta,
utilizando ½ cucharada extra de salsa de soja ligera.

curry de taro y espárragos

4 raciones
tiempo de preparación
10 minutos
tiempo de cocción
unos 25 minutos

500 g de **taro**, pelado y cortado
en trozos de 1 cm
1 ½-2 cucharadas de **aceite
de girasol**
2-3 cucharadas de **pasta
de curry seca**
30 **bayas del Goji secas**
(opcional)
150 g de **espárragos finos**,
en trozos de 5 cm
200 ml de **leche de coco**
275 ml de **caldo vegetal**
2 ½ cucharadas de **salsa
de soja ligera**
25 g de **azúcar de coco,
de palma** o **moreno,**
o 2 cucharadas de **miel clara**
4 **tomates cereza**, con el
péndulo si es posible
2-3 **hojas de lima** *kaffir*,
partidas por la mitad

para **decorar**
hojas de cilantro
unas rodajas de **guindilla roja**

Cueza el taro en una cacerola con agua hirviendo de
8 a 10 minutos, o hasta que esté tierno; luego, escúrralo.

Caliente el aceite en un wok o una cacerola. Saltee la
pasta de curry y las bayas del Goji (si las emplea) a fuego
medio durante 3 o 4 minutos, o hasta que desprendan aroma.

Añada los tallos de los espárragos, la leche de coco, el caldo,
la salsa de soja y el azúcar o la miel y cueza otros 2 o 3 minutos.
Agregue las yemas de espárragos y cueza 2 o 3 minutos.
Incorpore el taro cocido y caliéntelo durante 1 o 2 minutos. Añada
los tomates y las hojas de lima en el último minuto, pero tenga
cuidado de que los tomates no pierdan su forma. Pruebe
la condimentación y rectifique.

Reparta en 4 cuencos de servicio y decore con las hojas
de cilantro y las rodajas de guindilla.

Para preparar pasta de curry seca casera, retire los
tallos y las semillas de 2-3 guindillas rojas, píquelas ligeramente
y remójelas en agua caliente durante 3 o 4 minutos; luego
escúrralas (sin son frescas, no las remoje). Májelas o bátalas,
con un tallo de 12 cm de hierba limonera en rodajas finas,
2,5 cm de galanga pelada y en rodajas finas, 4 dientes de ajo
pequeños, 3 escalonias picadas, 3-4 raíces y tallos de cilantro
picados, 3 hojas de lima *kaffir* en tiras, 1 cucharada de pasta
de gambas, 1 cucharadita de comino molido y 1 cucharadita de
cilantro molido. Prosiga hasta que la mezcla forme una pasta.
Puede prescindir de la pasta de gambas para elaborar una
versión vegetariana. Utilice esta cantidad de pasta de curry
seca para cocinar currys para 4 personas.

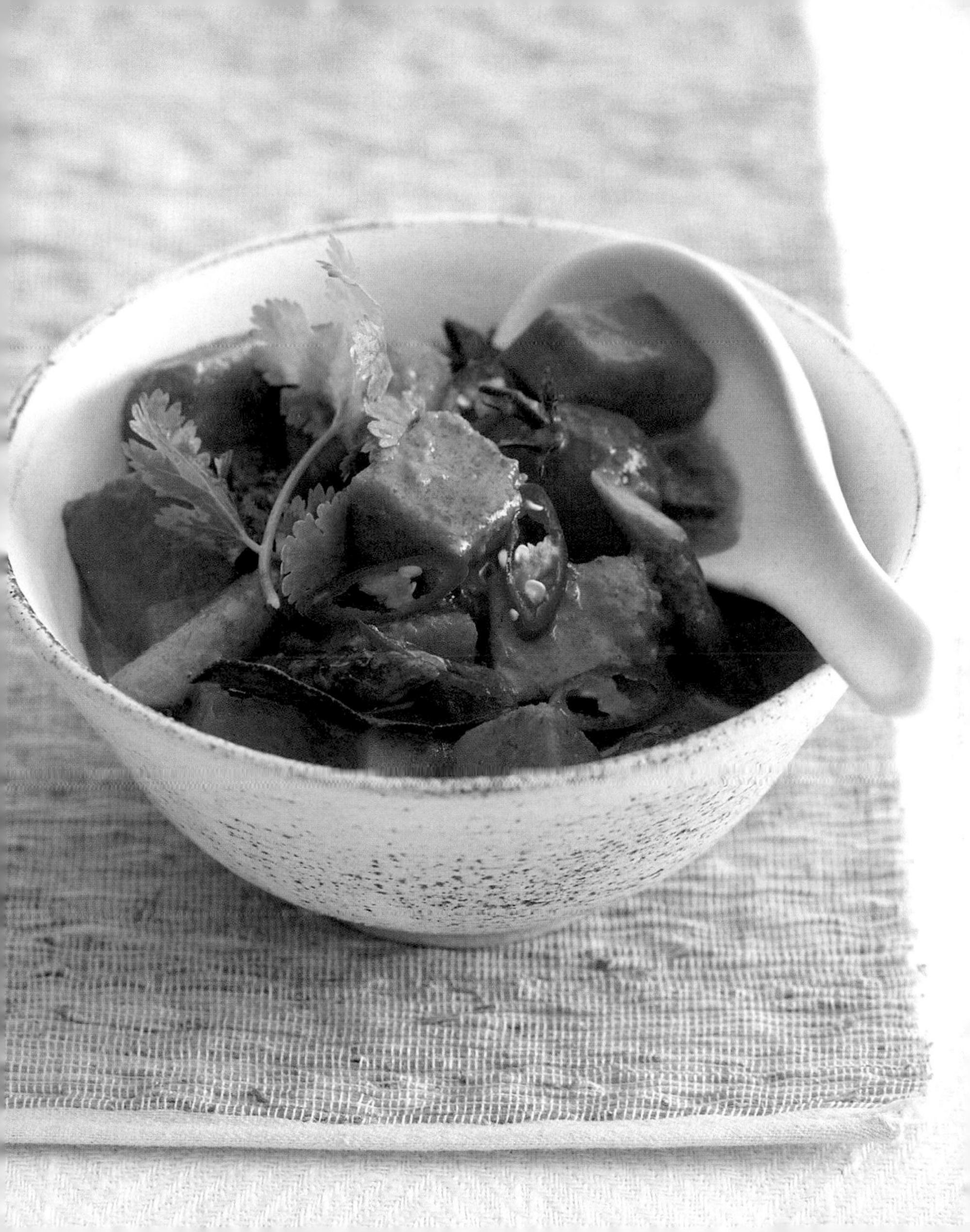

salteado de setas y tirabeques

2 raciones

tiempo de preparación
10 minutos, más tiempo
de remojo

tiempo de cocción **4-5 minutos**

10 **setas** *shiitake* secas

1 ½ cucharadas de **aceite de girasol**

2 **dientes de ajo**, picados finos

175 g de **mazorcas de maíz mini**, cortadas en diagonal

150 g de **brotes de bambú en lata**, escurridos

175 g de **tirabeques**, los extremos recortados

un puñado de **brotes de bambú frescos**

2-2 ½ cucharadas de **salsa de soja ligera**

2 cucharadas de **caldo vegetal o agua**

pimienta negra molida, al gusto

Escalde las setas *shiitake* durante 10 minutos, hasta que se ablanden; escúrralas y córtelas en tiras finas.

Caliente el aceite en un wok y saltee el ajo a fuego medio hasta que esté ligeramente dorado. Añada el resto de los ingredientes por su orden. Saltee, sin dejar de remover, a fuego vivo durante 2 o 3 minutos, y reserve en una fuente de servicio.

Sirva inmediatamente.

Para preparar fideos de setas y berzas, sustituya el maíz, los brotes de bambú y los tirabeques por 2 zanahorias pequeñas cortadas en tiras, 1 pimiento rojo sin semillas y en tiras finas y 300 g de hojas de berza, ligeramente picadas y sin los tallos. Cueza 350 g de fideos de huevo secos en agua hirviendo de 8 a 10 minutos, o siga las instrucciones del paquete; luego, escúrralos. Dore ligeramente el ajo y saltee la zanahoria, el pimiento rojo, las hojas de berza y las setas *shiitake* durante 2 o 3 minutos. Añada los fideos, los brotes de soja y 2 ½-3 cucharadas de salsa de soja ligera, y saltee otros 3 o 4 minutos, o hasta que los fideos estén bien calientes.

tofu y jengibre agridulce

4 raciones

tiempo de preparación
15 minutos

tiempo de cocción
30-40 minutos

aceite de girasol, para freír

300 g de **jengibre fresco**,
pelado y picado fino

500 g de **tofu firme**, escurrido
y en dados de 1 cm

2 **dientes de ajo**, picados finos

40 g de **azúcar de coco**,
de palma o **moreno**,
o 3 cucharadas de **miel clara**

2 cucharadas de **salsa de soja**
ligera

2 cucharadas de **caldo vegetal**
o **agua**

3 cucharadas de **puré de**
tamarindo (*véase* pág. 90)
o 2 cucharadas de **jugo**
de lima

Caliente 5 cm de aceite en un wok a fuego medio. Fría el jengibre sin removerlo de 6 a 8 minutos. Remuévalo con una espumadera hasta que esté dorado y escúrralo sobre papel de cocina.

Fría el tofu en el aceite, por tandas, durante 5 o 6 minutos hasta que esté ligeramente dorado y blando en el interior. Coloque sobre papel de cocina una vez frito.

Retire la mayor parte del aceite, dejando 1 ½ cucharadas en el wok. Saltee el ajo a fuego medio durante 1 o 2 minutos, o hasta que esté ligeramente dorado. Añada el azúcar o la miel, la salsa de soja, el caldo o el agua y el puré de tamarindo o el jugo de lima y remueva a fuego lento hasta que se espese ligeramente. Pruebe la condimentación y rectifique. Añada el tofu y la mayor parte del jengibre crujiente y mezcle bien.

Reparta en 4 platos calientes y adorne con el resto del jengibre crujiente. Acompañe con un curry verde o rojo.

Para preparar setas al caramelo, sustituya el tofu por 500 g de orellanas, troceadas y secadas al aire durante 4 o 5 horas. Corte 50 g de escalonias en tiras finas. Prescinda del jengibre y el puré de tamarindo o el jugo de lima. Fría las escalonias y las setas secas por separado hasta que estén crujientes. Prosiga como se indica en la receta; luego, añada las setas y mezcle con la salsa ligeramente espesa, utilizando ¼ de cucharadita de pimienta blanca molida. Remueva sin cesar durante 4 o 5 minutos, o hasta que casi esté seco. Esparza por encima las escalonias crujientes antes de servir.

curry verde de leche de soja

4 raciones
tiempo de preparación
15 minutos
tiempo de cocción **25 minutos**

425 g de **hortalizas duras**
(como calabaza, calabaza
de invierno y de san Roque)
y una mezcla de hortalizas
blandas (como berenjenas
tailandesas, mazorcas de
maíz mini, calabacines, setas,
espárragos y judías verdes)
1 ½-2 cucharadas de **aceite
de girasol**
2-3 cucharadas de **pasta
de curry verde**
25 **bayas del Goji secas**
(opcional)
475 ml de **leche de soja**
3 cucharadas de **salsa de soja
ligera**
15 g de **azúcar de coco,
de palma o moreno,**
o 1 cucharada de **miel clara**
150 g de **piña** o **rodajas
de piña** de lata al natural,
troceadas

para **decorar**
**hojas de albahaca dulce
tailandesa**
unas rodajas de **guindilla roja**

Pele y corte en rodajas las hortalizas duras y luego en dados
de 2,5 cm. Corte en cuatro trozos las berenjenas, en rodajas
los calabacines y las setas y los espárragos en trozos de 2,5 cm,
y recorte los extremos de las judías. Cueza las hortalizas duras
en agua hirviendo a fuego medio de 8 a 10 minutos, o hasta
que se ablanden; luego escúrralas.

Caliente el aceite en un wok o una sartén. Saltee, sin dejar
de remover, la pasta de curry y las bayas del Goji (si las usa)
a fuego medio durante 3 o 4 minutos, o hasta que desprendan
aroma. Añada las berenjenas, los calabacines y las setas
y saltee 4 o 5 minutos más. Agregue los espárragos, el maíz y
las judías verdes y saltee suavemente durante 2 o 3 minutos.

Vierta la leche de soja, la salsa de soja, el azúcar o la miel,
las hortalizas duras cocidas y la piña, y caliente durante
2 o 3 minutos, removiendo de vez en cuando. Pruebe la
condimentación y rectifique.

Reparta en 4 platos y decore con las hojas de albahaca dulce
y las rodajas de guindilla.

Para preparar pasta de curry verde casera, bata 3-4 guindillas
verdes pequeñas con un tallo de 12 cm de hierba limonera
en rodajas finas, un trozo de 2,5 cm de galanga finamente
rallada, 2 hojas de lima *kaffir* picadas, 4 dientes de ajo picados,
3 escalonias picadas, la misma cantidad de raíces y tallos
de cilantro picado, un puñado pequeño de hojas de cilantro
y otro de hojas de albahaca dulce tailandesa, ¼ de cucharadita
de pimienta blanca y 1 cucharadita de pasta de gambas,
cilantro y comino molidos. Prosiga hasta que la mezcla forme
una pasta. Utilice esta cantidad de pasta de curry verde para
cocinar currys para 4 personas.

tofu dorado con ajo

4 raciones
tiempo de preparación
15 minutos
tiempo de cocción
20-25 minutos

5-6 **dientes de ajo**, ligeramente
  picados
4 **raíces** y **tallos de cilantro**,
  ligeramente picados
20 **granos de pimienta negra**
4 cucharadas de **aceite**
  de girasol
500 g de **tofu firme**, escurrido,
  en dados de 2,5 cm
1 **pimiento rojo** o **amarillo**,
  sin semillas, cortado en trocitos
un trozo de 1 cm de **jengibre**
  fresco, pelado y picado fino
1-2 **cebollas tiernas**, cortadas
  en trozos de 2,5 cm
2 ½ cucharadas de **salsa**
  de soja ligera

para **decorar**
hojas de cilantro
unas rodajas de **guindilla roja**

Utilice un mortero o una batidora pequeña para majar o triturar el ajo y las raíces de cilantro en una pasta. Añada la pimienta y continúe majando.

Caliente un poco de aceite en una sartén antiadherente y fría suavemente el tofu por tandas, asegurándose de dejar espacio entre los dados. Fría cada lado durante 1 o 2 minutos, o hasta que estén ligeramente dorados. Retire y mantenga caliente. Añada un poco de aceite al recipiente antes de cocinar la tanda siguiente.

Caliente el resto del aceite en un wok o sartén grande y saltee la pasta de ajo a fuego medio durante 3 o 4 minutos, o hasta que desprenda aroma.

Añada el pimiento y saltee 3 o 4 minutos más; luego, el tofu, el jengibre, las cebollas tiernas y la salsa de soja. Remueva con cuidado otros 2 o 3 minutos. Pruebe la condimentación y rectifique.

Reparta en platos de servicio calientes y decore con las hojas de cilantro y las rodajas de guindilla. Acompáñelo con arroz hervido o incorpórelo sobre fideos.

Para preparar setas con castañas de agua y jengibre, sustituya el tofu por 375 g de setas variadas y 75 g de castañas de agua de lata, escurridas y en rodajas. Agréguelas al recipiente, junto con los pimientos, y saltee 5 o 6 minutos. Añada el jengibre, las cebollas tiernas y la salsa de soja ligera. Rectifique la condimentación al gusto. Puede añadir un poco más de salsa de soja ligera.

curry de la jungla con hortalizas

4 raciones
tiempo de preparación
15 minutos
tiempo de cocción **20 minutos**

500 g de **hortalizas duras
variadas** (como calabaza,
calabaza de san Roque)
y hortalizas blandas mezcladas
(como berenjenas tailandesas,
calabacines, setas, espárragos
finos, mazorcas de maíz mini,
judías verdes y hojas de berza)
1,2 litros de **caldo vegetal**
2-3 cucharadas de **pasta
de curry de la jungla**
20-25 **bayas del Goji secas**
(opcional)
50 g de **jengibre menor
(*krachai*)**, pelado y picado fino
3 ½ cucharadas de **salsa
de soja ligera**
2-3 **hojas de lima** *kaffir,*
partidas por la mitad
hojas de cilantro, para decorar

Pele y corte en rodajas las calabazas en trozos de 1 cm
de lado. Corte en cuatro trozos las berenjenas; en rodajas,
los calabacines y las setas, y los espárragos en trozos
de 2,5 cm. Retire los extremos de las judías y después
córtelas en diagonal. Pique ligeramente las hojas de berza.

Caliente el caldo con la pasta de curry y las bayas del Goji
(si las emplea) en una cacerola a fuego medio durante
2 o 3 minutos, hasta que hierva. Añada las hortalizas duras
y cuézalas de 8 a 10 minutos. Incorpore las berenjenas, los
calabacines, los champiñones y los espárragos y cueza durante
3 o 4 minutos. Agregue el maíz, las judías verdes, las berzas,
el jengibre menor y la salsa de soja, y deje cocer 1 o 2 minutos,
removiendo de vez en cuando. Pruebe la condimentación
y rectifique.

Reparta en 4 platos calientes y decore con las hojas de cilantro.
Acompañe con arroz.

Para preparar pasta de curry de la jungla, maje o triture
3-4 guindillas rojas picadas y sin el tallo, 1 tallo de 12 cm
de hierba limonera en rodajas finas, 1 cm de galanga pelada
fina y en rodajas, 4 dientes de ajo picados, 3 escalonias
picadas y 3-4 raíces de cilantro y tallos. Prosiga hasta
que la mezcla forme una pasta.

hortalizas variadas con sésamo

4 raciones

tiempo de preparación
15 minutos

tiempo de cocción **12 minutos**

500 g de **hortalizas variadas**
(como zanahorias mini, ramitos
de brécol, espárragos finos,
pimiento rojo o amarillo,
calabacines, mazorcas de maíz
mini, tirabeques, judías verdes,
setas y hojas de berza)

un trozo de 1 cm de **jengibre
fresco**, pelado y picado fino

½ cucharada de **semillas
de sésamo blancas**

1 ½-2 cucharadas de **aceite
de girasol**

3-4 **dientes de ajo**, picados finos

125 g de **brotes de soja**

2 cucharadas de **caldo vegetal
o agua**

2-2 ½ cucharadas de **salsa
de soja ligera**

2 **cebollas tiernas**, en trozos
de 2,5 cm

unos **tomates cereza**, con
el pedúnculo, si es posible

hojas de cilantro, para adornar

Corte los espárragos en trozos de 5 cm y reserve los tallos y las
yemas por separado. Retírele las semillas al pimiento y corte
éste en trozos pequeños y el calabacín en rodajas finas. Retire
los extremos de los tirabeques y las cebollas tiernas y córtelos
en diagonal. Pique ligeramente las hojas de berza.

Blanquee las zanahorias y los ramitos de brécol en agua hirviendo
1 minuto. Agregue los tallos de los espárragos y cueza otro
minuto. Escúrralos y póngalos en un cuenco con agua helada.
Escurra y mezcle con el resto de las hortalizas y el jengibre.

Fría en seco las semillas de sésamo en una sartén antiadherente
dispuesta a fuego medio. Sacuda la sartén para remover las
semillas durante 3 o 4 minutos. Viértalas en un cuenco pequeño.

Caliente el aceite en el mismo wok y saltee el ajo a fuego medio
durante 1 o 2 minutos, o hasta que esté ligeramente dorado.
Agregue la mezcla de hortalizas y brotes de soja y saltee
removiendo durante 3 o 4 minutos. Incorpore el caldo y la salsa
de soja y mezcle. Añada las cebollas tiernas y los tomates cereza
durante los últimos segundos, procurando que los últimos
no pierdan su forma. Pruebe la condimentación y rectifique.

Transfiera a una fuente de servicio, esparza por encima las
semillas de sésamo y decore con las hojas de cilantro.

Para preparar hortalizas a la guindilla con almendras,
sustituya las semillas de sésamo y los brotes de soja por 15 g
de almendras fileteadas y 75 g de castañas de agua de lata,
escurridas y en rodajas. Fría en seco las almendras durante
3 o 4 minutos, o hasta que estén ligeramente doradas. Añada
2 cucharadas de salsa de guindilla dulce (*véase* pág. 36) al
recipiente una vez que haya incorporado la salsa de soja
y esparza por encima el salteado anterior antes de servir.

curry de calabaza con judías verdes

4 raciones
tiempo de preparación
10 minutos
tiempo de cocción **20 minutos**

500 g de **calabaza**, pelada
  y cortada en dados de 1 cm
1 ½-2 cucharadas de **aceite**
  de girasol
2-3 cucharadas de **pasta**
  de curry *massaman* (*véase*
  pág. 116)
30 **bayas del Goji secas**
  (opcional)
1 **cebolla**, en rodajas finas
25 g de **cacahuetes tostados**
50 g de **judías verdes**,
  extremos recortados,
  cortadas en diagonal
400 ml de **leche de soja**,
  removida
2 ½ cucharadas de **salsa**
  de soja ligera
40 g de **azúcar de coco**,
  de palma o **moreno**,
  o 3 cucharadas de **miel clara**
2 cucharadas de **jugo de lima**
2 **tomates** medianos, cortados
  en cuatro trozos
unas rodajas de **guindilla roja**,
  para decorar

Cueza la calabaza en una cacerola con agua hirviendo de 8 a 10 minutos, o hasta que esté tierna. Luego escúrrala.

Caliente el aceite en una cacerola y saltee, sin dejar de remover, la pasta de curry, las bayas (si las usa), las cebollas y los cacahuetes a fuego medio durante 3 o 4 minutos, o hasta que desprendan aroma.

Añada las judías verdes y cueza 2 o 3 minutos más. Vierta la leche de soja, la salsa de soja, el azúcar o la miel, el jugo de lima y la calabaza y caliente 2 o 3 minutos, removiendo de vez en cuando, o hasta que el azúcar se haya disuelto. Pruebe la condimentación y rectifique. Agregue los tomates en los últimos segundos.

Reparta en 4 platos o cuencos de servicio y decore con unas rodajas de guindilla.

Para preparar curry de hortalizas con castañas de agua, sustituya la calabaza por 500 g de una hortaliza dura (como boniato, calabaza de invierno, rábano blanco o taro). Cueza las hortalizas en dados hasta que estén tiernas, antes de añadir el curry, como se indica en la receta. Prescinda de las judías verdes y sustitúyalas por 50 g de castañas de agua de lata en rodajas finas. Prosiga como se indica en la receta.

curry de hortalizas variadas a las 5 especias

4 raciones
tiempo de preparación
15 minutos
tiempo de cocción **17 minutos**

625 g de **hortalizas variadas duras** (como calabaza, boniatos y taro)

50 g de **hortalizas variadas blandas** (como mazorcas de maíz mini, judías verdes o tirabeques)

1 ½-2 cucharadas de **aceite de girasol**

2-3 cucharadas de **pasta de curry roja** (*véase* pág. 94)

2 cucharaditas de **5 especias en polvo**

25-50 g de **cacahuetes tostados**

8 **escalonias** pequeñas, peladas

200 ml de **leche de coco**

350 ml de **caldo vegetal** o **agua**

2 ½ cucharadas de **salsa de soja ligera**

40 g de **azúcar de coco, de palma** o **moreno**, o 3 cucharadas de **miel clara**

2 cucharadas de **jugo de lima**

4 **tomates cereza**

unas rodajas de **guindilla roja**, para decorar

Pele y corte las hortalizas duras en dados de 1 cm. Corte las mazorcas de maíz por la mitad en diagonal y recorte los extremos de las judías y los tirabeques.

Caliente el aceite en un wok o una cacerola y saltee la pasta de curry, las 5 especias, los cacahuetes y las escalonias a fuego medio durante 3 o 4 minutos, hasta que desprendan aroma.

Añada la leche de coco, el caldo, las hortalizas duras, la salsa de soja y el azúcar o la miel y cueza de 8 a 10 minutos, o hasta que estén tiernas, removiendo de vez en cuando. Agregue las hortalizas blandas y el jugo de lima y cueza 2 o 3 minutos. Pruebe la condimentación y rectifique. Incorpore los tomates durante los últimos segundos procurando que no pierdan su forma.

Reparta en 4 platos o cuencos de servicio y decore con las rodajas de guindilla.

Para preparar curry de tofu a las 5 especias, sustituya las hortalizas variadas por tofu firme cortado en dados de 1 cm. Una vez que la pasta de curry desprenda aroma, añada la leche de coco, el caldo, la salsa de soja, el azúcar o la miel y las hortalizas blandas y cueza durante 2 o 3 minutos más. Incorpore el jugo de lima y el tofu, caliente otros 2 o 3 minutos y prosiga como se indica en la receta.

tortilla rellena

1 ración
tiempo de preparación
 8-10 minutos, más tiempo
 de remojo
tiempo de cocción **8-10 minutos**

2 ½ cucharadas de **aceite
 de girasol**
2 **dientes de ajo**, picados
1 **escalonia**, picada fina
4 **judías verdes**, picadas
2 **espárragos** picados
3 **mazorcas de maíz mini**,
 en rodajas finas
1 **tomate**, en dados
4 **setas** *shiitake*, remojadas,
 escurridas y en tiras
2 cucharaditas de **salsa de soja
 ligera**
1 **huevo**, batido con 1 pizca
 de sal y pimienta
albahaca crujiente, para decorar
 (opcional)

Caliente 1 cucharada de aceite en un wok, agregue el ajo
y la escalonia y saltee durante 1 o 2 minutos, o hasta que el ajo
se haya dorado ligeramente. Incorpore las judías, los espárragos,
las mazorcas de maíz, los tomates, las setas y la salsa de soja
y saltee, sin dejar de remover, durante 3 o 4 minutos. Retire el
contenido del wok y reserve. Limpie el wok con papel de cocina.

Caliente el resto del aceite en el wok procurando que cubra
gran parte de los lados. Tire el exceso. Añada los huevos,
remuévalos para formar una tortilla grande y fina. Asegúrese
de que no se pegue al wok, añadiendo un poco más de aceite
si fuese necesario.

Ponga el relleno en el centro cuando la tortilla esté casi firme
y doble ambos extremos por encima para formar un paquete
alargado; tenga cuidado para que la tortilla no se pegue por
debajo.

Retire la tortilla del wok con cuidado, y póngala en una fuente
de servicio. Decore con albahaca crujiente, si lo desea, y sirva
inmediatamente.

Para preparar albahaca crujiente, como decoración, caliente
2 cucharadas de aceite de cacahuete en el wok hasta que esté
caliente. Añada 25 g de albahaca fresca tailandesa y 1 guindilla
roja fresca pequeña, picada fina y saltee otro minuto. Retire
con una espumadera y escurra sobre papel de cocina.

postres

bollitos con judías negras arriñonadas

20 unidades
tiempo de preparación
 1 hora 30 minutos
tiempo de cocción
 25-30 minutos

375 g de **judías arriñonadas
 negras de lata**, escurridas
300 g de **azúcar**
4 cucharadas de **aceite
 de girasol**
2 **yemas de huevo**, ligeramente
 batidas, para pincelar

pasta A
250 g de **harina bizcochona**
1 cucharada de **azúcar**
¼ cucharadita de **sal marina**
6 cucharadas de **aceite
 de girasol**
100 ml de **agua**

pasta B
150 g de **harina bizcochona**
5 cucharadas de **aceite
 de girasol**, y un poco más
 para pincelar la placa
2 cucharadas de **agua**

Utilice la batidora o el robot y procese las judías hasta obtener una pasta homogénea. Mezcle la pasta, el azúcar y el aceite en una cacerola de 10 a 15 minutos a fuego medio hasta formar una bola. Déjela enfriar y forme con ella 20 bolas pequeñas.

Prepare la pasta A. Incorpore la harina, el azúcar y la sal en un cuenco. Abra un hueco y vierta el aceite y amalgame. Agregue gradualmente el agua y amase hasta obtener una masa homogénea. Forme 10 bolas y cúbralas con film transparente.

Prepare la pasta B. Mezcle ligeramente la harina y el aceite en un cuenco. Añada gradualmente el agua y amase hasta que la preparación esté bien ligada. Prepare 10 bolas y cúbralas con film transparente.

Forme una bola de pasta A y aplástela para formar un disco. Envuelva una bola de pasta B con el disco y luego presione para unir. Extienda en forma de rectángulo. Trabajando a partir del borde más corto, enrolle formando un tubo. Aplaste la pasta en sentido longitudinal para obtener un rectángulo. Repita la operación. Extienda formando un tubo y córtelo por la mitad. Tome una mitad y póngala en sentido vertical para que descanse sobre la sección cortada; luego, extiéndala formando una lámina fina redonda. Coloque una bola de judías negras en el centro. Presione los bordes para sellar el relleno y póngala sobre una placa ligeramente untada con aceite, con el lado de la unión hacia abajo. Repita la operación con el resto del relleno y la pasta hasta que tenga 20.

Pincele cada bola con yema de huevo y hornee en el horno, precalentado a 180 °C, de 25 a 30 minutos. Sirva caliente o tibio.

arroz pegajoso con mango

4 raciones
tiempo de preparación
10 minutos, más tiempo
de remojo y de reposado
tiempo de cocción
22-28 minutos

250 g de **arroz blanco pegajoso**
100 ml de **leche de coco**
50 ml de **agua**
75 g de **azúcar de palma**
o **coco**
¼ cucharadita de **sal**
4 **mangos** maduros

cobertura de **crema de coco**
(opcional)
100 ml de **leche de coco**
½ cucharadita de **harina**
1 pizca de **sal**

Remoje el arroz en un cuenco de agua durante 3 horas.
Escúrralo y repártalo sobre la vaporera forrada con una muselina.

Llene un wok o una vaporera con agua y lleve a ebullición.
Coloque la vaporera sobre el agua y cueza al vapor a fuego medio
de 20 a 25 minutos, o hasta que el arroz aumente de tamaño.

Mezcle en una sartén la leche de coco, el agua, el azúcar
y la sal, hasta que formen una mezcla sin grumos.

Vierta el arroz caliente en un cuenco y mézclelo con la mezcla
de leche de coco. Cubra y deje reposar durante 10 minutos.

Mezcle en un cazo la leche de coco, la harina y la sal para
elaborar la cobertura de crema de coco y caliente suavemente
durante 2 o 3 minutos.

Pele los mangos, córtelos en rodajas finas y colóquelos
en cada plato. Acompañe con el arroz pegajoso y distribuya
por encima la cobertura, si lo desea.

Para preparar fruta de Jack *(khanun)* **y arroz pegajoso**,
sustituya el mango por 25-30 pulpas de fruta de Jack
madura. Corte ambos extremos y retire las semillas
y la piel marrón. Con una cucharilla, rellene el interior
con las pulpas y el arroz pegajoso al vapor con leche
de coco. Sirva a temperatura ambiente con helado de coco.

crema de coco

4 raciones
tiempo de preparación
  10 minutos, más tiempo
  para disolver el azúcar
tiempo de cocción
  10-15 minutos

150 ml de **leche de coco**
75 g de **azúcar de coco,
  de palma**, moreno,
  o 5 cucharadas de **miel clara**
2 **huevos** grandes
¼ cucharadita de **sal marina**
1 cucharadita de **extracto
  de vainilla**

Prepare la crema mezclando la leche de coco, el azúcar o la miel, los huevos, la sal y el extracto de vainilla y déjela reposar hasta que el azúcar se haya disuelto. (Puede hacerlo con unas horas de antelación o dejarla reposar toda la noche para asegurarse de que el azúcar se disuelve por completo.)

Llene con agua hasta la mitad un wok, o una vaporera; tápelo y llévelo a ebullición a fuego vivo.

Mientras tanto, tamice la crema sobre una jarra. Viértala en cuencos o ramequines individuales hasta tres cuartas partes de su altura (o utilice una fuente de hornear que quepa en la vaporera).

Coloque los cuencos de crema sobre la rejilla de la vaporera o dentro de la misma. Tape, baje el fuego al mínimo y deje cocer de 10 a 15 minutos (incremente el tiempo de cocción si utiliza una fuente para hornear). Sirva a temperatura ambiente o frío.

Para preparar crema de coco con hierba limonera, aplaste y corte ligeramente 2 tallos de hierba limonera. Escúrralos y mézclelos con 200 ml de leche de coco, 100 g de azúcar y el resto de los ingredientes. Retire los tallos de hierba limonera cuando filtre la crema.

buñuelos de plátano

4 raciones
tiempo de preparación
8 minutos
tiempo de cocción **10 minutos**

aceite de girasol, para freír
4-5 **plátanos** o 14-15 **plátanos mini**
azúcar, para servir

para la **masa**
125 g de **harina bizcochona**
1 cucharadita de **levadura en polvo**
2 cucharaditas de **azúcar**
¼ de cucharadita de **sal**
25 g de **coco fresco** o **seco** rallado
175 ml de **agua**

Prepare la masa mezclando en un cuenco la harina, la levadura en polvo, el azúcar, la sal y el coco. Añada el agua y remueva con un tenedor o una cuchara hasta que la preparación quede homogénea.

Caliente 7 cm de aceite en un wok antiadherente a fuego medio. Mientras tanto, pele los plátanos, córtelos por la mitad a lo largo, y luego en trozos de 5 cm. El aceite estará listo cuando, al sumergir un poco de masa, chisporrotee.

Reboce los trozos de plátano con la masa, y sumérjalos cuidadosamente en el aceite caliente, en tandas de 6 o 7 trozos. Cueza los plátanos a fuego medio 6 o 7 minutos, o hasta que estén dorados. Retírelos del aceite con una espumadera y escúrralos sobre papel de cocina.

Colóquelos en una fuente y sírvalos inmediatamente cuando todos los trozos estén cocidos, espolvoreados con azúcar, si lo desea.

Para preparar buñuelos de boniato y sésamo, sustituya los plátanos por 750 g de boniato. Córtelo en trozos de 1 x 10 cm. Añada 2 cucharadas de semillas de sésamo a la mezcla de la masa. Reboce los trozos de boniato con la masa y fríalos durante 5 o 6 minutos. Compruebe que están cocidos cortando uno por la mitad; si está blando por dentro, lo están.

helado de coco y hierba limonera

4-5 raciones
tiempo de preparación
10 minutos, más tiempo
de infusión y de congelado

3 **tallos de hierba limonera**
de 12 cm, aplastados
y en rodajas gruesas
200 ml de **leche de coco**
200 ml de **crema de leche
espesa**
1 **huevo** grande
2 **yemas de huevo**
125 g de **azúcar** o **azúcar
moreno fino**
una pizca de **sal marina**

Mezcle la leche de coco con la hierba limonera, escurriendo
para liberar el aroma. Deje en infusión 30 minutos. Vuelva
a escurrir, filtre y deseche la hierba limonera.

Llene un wok o una cacerola grande con agua y llévela
a ebullición a fuego medio. Mientras tanto, ponga la hierba
limonera y la mezcla de leche de coco en una cacerola con
la crema de leche espesa; remueva a fuego lento sin dejar
hervir durante 3 o 4 minutos y reserve.

Ponga el huevo, las yemas, el azúcar y la sal en un cuenco
refractario sobre agua hirviendo. Bata con la batidora eléctrica
durante 3 o 4 minutos, o hasta que la mezcla haya espesado y
esté espumosa. Agréguele gradualmente la preparación de leche
de coco y hierba limonera y remueva otros 5 o 6 minutos para
obtener una crema fina. Déjela enfriar, viértala en un recipiente
de plástico y congele 3 horas o hasta que casi esté congelada.

Retire el helado y aplástelo con un tenedor una o dos
veces durante el tiempo de congelación. Cúbralo y congélelo
por completo. Retire el helado del congelador entre 10 y
15 minutos, como mínimo, antes de servir, para que se ablande
ligeramente. Sirva al natural o con arroz blanco pegajoso
(*véase* pág. 220).

Para preparar helado con semillas de albahaca dulce,
prepare el helado como se indica en la receta y congélelo
3 horas o hasta que esté a medio congelar. Añada ½ cucharada
de semillas de albahaca dulce a un cuenco con 150 ml de agua.
Las semillas aumentarán de tamaño al cabo de un minuto.
Remueva para separarlas y añádalas a la crema de helado;
mezcle bien y vuelva a introducir el helado en el congelador.
Mezcle una o dos veces más durante el tiempo de congelación.

bolas de coco

12 unidades
tiempo de preparación
  15 minutos, más tiempo
  de enfriado y de cuajado
tiempo de cocción **20 minutos**

250 g de **coco fresco**
  o **seco** rallado, ablandado
  en un poco de agua fría
300 g de **azúcar**
300 ml de **agua**

Mezcle el coco, el azúcar y el agua en un cazo y remueva a fuego lento hasta que el almíbar casi se haya evaporado.

Ponga 12 cucharadas de la mezcla sobre una placa metálica para hornear forrada con papel sulfurizado, tome cucharadas de la mezcla y forme bolas.

Deje enfriar durante 1 hora, aproximadamente, para que el exterior se endurezca y el interior quede blando.

Para preparar salsa de coco, siga el método anterior, y añada ⅛ de cucharadita de sal y deje cocer a fuego lento hasta obtener una salsa de caramelo pegajosa. No deje que se espese tanto como para endurecerse. Utilice esta salsa sobre arroz negro pegajoso, o arroz pegajoso al vapor con leche de coco.

sorbete de sandía

4-6 raciones
tiempo de preparación
10 minutos, más tiempo
de congelado

1, 5 kg de **carne de sandía dulce**, sin pepitas
el **jugo** de 1 **naranja**
la **ralladura** de 1 **naranja**
un trozo de 1 cm de **jengibre fresco**, pelado y en rodajas finas

Corte la sandía en dados y póngalos con el jugo de naranja, la ralladura y el jengibre en el robot eléctrico. Procese durante 1 o 2 minutos, hasta que la mezcla sea homogénea.

Vierta la preparación en un recipiente y congele 1 ½ horas o hasta que esté medio congelada. Retírela del congelador y bata de nuevo en el robot. Póngala de nuevo en el recipiente. Bata dos veces más, como mínimo, durante el proceso de congelación. Debe haber mucho aire en el sorbete, pues, de lo contrario, quedaría duro y helado. Tape y deje congelar.

Para preparar sorbete de cantalupo y lichis, sustituya la sandía por 1 melón cantalupo mediano, pelado, sin pepitas y en dados de 2,5 cm. Reemplace el jugo y la ralladura de naranja por la mitad de una lima. Procese en el robot durante 2 o 3 minutos, o hasta que la mezcla sea homogénea. Añada la carne de 550 g de lichis de lata (reserve el almíbar) y accione de nuevo el aparato. Caliente el almíbar de lichis con un trozo de 1 cm de jengibre fresco rallado fino, durante 2 o 3 minutos. Deje enfriar antes de añadirlo a la mezcla de cantalupo y lichi. Bata dos veces durante el proceso de congelación.

plátano con crema de coco

4 raciones

tiempo de preparación
10 minutos

tiempo de cocción **10 minutos**

400 ml de **leche de coco** de lata
125 ml de **agua**
50 g de **azúcar** o 4 cucharadas
de **miel clara**
5 **plátanos** en su punto
de madurez
½ cucharadita de **sal marina**

Caliente la leche de coco, el agua y el azúcar o la miel en una cacerola a fuego medio durante 3 o 4 minutos.

Pele los plátanos y córtelos en trozos de 5 cm; si fuesen muy pequeños, déjelos enteros.

Añada los plátanos y la sal a la cacerola. Cueza a fuego bajo-medio durante 4 o 5 minutos, o hasta que los plátanos se ablanden.

Divida la crema de plátano y coco en cuatro porciones y sirva caliente o a temperatura ambiente.

Para preparar calabaza con crema de coco, sustituya los plátanos por 375 g de calabaza pelada, cortada en tiras y remojada en agua con un poco de jugo de lima (lo que evitará que se oxide). Caliente la leche de coco y 200 ml de agua. Añada la calabaza y cueza de 8 a 10 minutos, o hasta que esté tierna. Incorpore el azúcar y la sal y cueza hasta que el azúcar se haya disuelto.

arroz negro pegajoso y crema de huevo

4 raciones
tiempo de preparación
  10 minutos, más tiempo
  de remojo y reposo
tiempo de cocción **unos**
  50 minutos

200 g de **arroz negro pegajoso**
100 ml de **leche de coco**
50 ml de **agua**
75 g de **azúcar de palma**
  o **de coco**

para la **crema**
75 ml de **leche de coco**
5 **huevos** grandes
250 g de **azúcar de coco**
  o **de palma**, troceado si fuese
  duro
1 cucharadita de **extracto**
  de vainilla

Remoje el arroz en un cuenco con agua 3 horas como mínimo, o toda la noche.

Prepare la crema. Mezcle la leche de coco, los huevos, el azúcar y el extracto de vainilla hasta que el azúcar se haya disuelto. Vierta la crema a través de un tamiz dispuesto sobre un cuenco para cocer al vapor, hasta que alcance las tres cuartas partes de su altura. Procure no quemarse la mano. Coloque el cuenco con la crema sobre la rejilla de la vaporera o sobre la vaporera y deje cocer de 10 a 15 minutos a fuego lento, hasta que la crema cuaje alrededor de los bordes, y reserve. Deje cuajar a temperatura ambiente unos 30 minutos.

Escurra y extienda el arroz sobre el mismo cestillo de la vaporera forrado con una muselina doblada. Tape y deje cocer de 30 a 35 minutos a fuego lento, o hasta que el arroz haya aumentado de tamaño y esté tierno y brillante. Verifique la cocción y añada agua cada 10 minutos más o menos.

Mezcle la leche de coco, el agua y el azúcar y reserve hasta que este último se haya disuelto.

Pase el arroz a un cuenco tan pronto como esté cocido. Mézclelo con la preparación de coco, tape y deje reposar 10 minutos. Sirva el arroz negro pegajoso en un plato de postre y reparta la crema por encima.

índice

238

agradecimientos

Editora ejecutiva: Nicola Hill
Editora en jefe: Ruth Wiseall
Editora artística ejecutiva: Sally Bond
Diseñador: Geoff Borin
Fotógrafo: Eleanor Skan
Especialista en economía doméstica: Annie Rigg
Estilista de accesorios: Liz Hippisley

Fotografía especial: © Octopus Publishing Group Limited/Eleanor Skan.

Otras fotografías: © Octopus Publishing Group Limited/David Loftus 4, 47, 91, 99, 117, 129; /Neil Mersh 109, 113, 169; /Sandra Lane 23, 27, 37, 43, 65, 83, 87, 103, 119, 147, 161, 177, 199, 215, 221, 225, 229; /William Reavell 21, 79, 95, 125, 137, 173, 183, 195, 235.